❖ 日本戰國 ❖
戰爭法則

監修　小和田哲男

U0072715

充滿「武器和戰爭」的戰國時代，
有著什麼樣的「法則」？

　　距今約五百年前，日本全國各地爆發「下剋上」，處於弱肉強食的嚴酷時代——「戰國」。各國武將竭盡自身的武力、經濟力和權謀計策來擴大領土的英姿大快人心，至今仍讓眾多歷史迷醉心不已。

　　不過，本書既不是解說這些知名戰國武將活躍表現的通史，也不會深入探究他們的為人。

　　因為，這個時代不是只有戰國武將，無名武士和平民百姓也會為了生存拿起武器。

本書聚焦於無名武士和平民百姓，運用豐富插圖詳細揭曉他們在戰爭中的「實況」和「作為」。他們實際上裝備什麼樣的武器，又是如何運用武器迎戰？而他們在陣地都吃些什麼，如何就寢，又有哪些娛樂呢？

　　用微觀的視點來觀察戰國亂世，就能窺見大河劇、時代小說或是遊戲等作品沒描寫到的「戰國時代真正面貌」。

　　　　　　　　　　　小和田哲男

快速了解戰國時代 ①

最具代表性的戰國大名和戰爭

本書的舞台為戰國時代，當時各國大名鎮守領地，有時為了擴張領土或鞏固支配地位，會用盡軍事力和政治力來奮戰。下面將介紹當中最知名的十八名武將和成為歷史轉捩點的十二個事件。

Ⓐ
1553～1564 年
川中島之戰
武田信玄和上杉謙信為了爭奪北信濃的霸權，進行五度交戰。

Ⓑ
1560 年
桶狹間之戰
織田信長在桶狹間擊敗西進的今川義元，躋身為統一天下的候選人。

Ⓒ
1566 年
第二次月山富田城之戰
毛利元就攻下固守城池的尼子義久，尼子氏滅亡，奠定中國八國的支配權。

Ⓓ
1568 年
信長上洛
織田信長擁戴足利義昭上洛。擁立足利義昭為將軍，平定京都周邊地區。

Ⓔ
1570 年
姊川之戰
織田信長和德川家康聯軍攻打淺井長政和朝倉義景軍，其後淺井、朝倉兩家滅亡。

Ⓕ
1575 年
長篠、設樂原之戰
織田和德川聯軍擊敗武田信玄之子勝賴軍，武田氏走向滅亡。

Ⓖ
1585 年
攻打四國
羽柴秀吉率十一萬大軍攻打四國，長宗我部元親投降，臣服於秀吉。

Ⓗ
1586～1587 年
平定九州
島津義久表明不願從秀吉，秀吉便率領大軍攻打九州，迫使義久臣服。

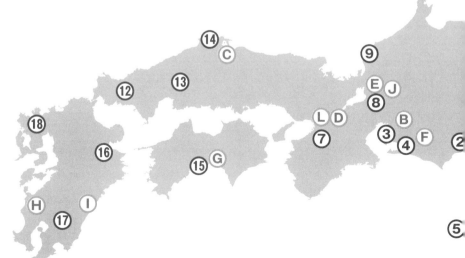

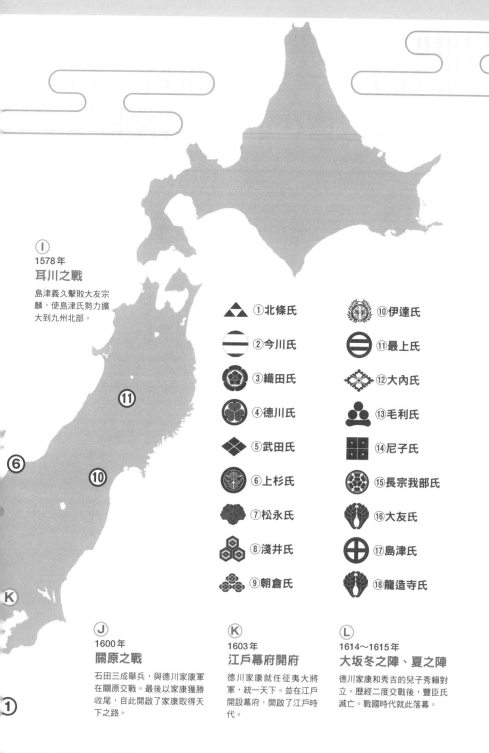

Ⓘ
1578年
耳川之戰
島津義久擊敗大友宗麟，使島津氏勢力擴大到九州北部。

▲ ①北條氏
━ ②今川氏
✿ ③織田氏
❀ ④德川氏
◆ ⑤武田氏
◉ ⑥上杉氏
✿ ⑦松永氏
⬡ ⑧淺井氏
✿ ⑨朝倉氏

🏵 ⑩伊達氏
≡ ⑪最上氏
✦ ⑫大內氏
⣿ ⑬毛利氏
▦ ⑭尼子氏
✿ ⑮長宗我部氏
✿ ⑯大友氏
⊕ ⑰島津氏
✿ ⑱龍造寺氏

⑪
⑩
⑥

Ⓚ

Ⓙ
1600年
關原之戰
石田三成舉兵，與德川家康軍在關原交戰。最後以家康獲勝收尾，自此開啟了家康取得天下之路。

Ⓚ
1603年
江戶幕府開府
德川家康就任征夷大將軍，統一天下。並在江戶開設幕府，開啟了江戶時代。

Ⓛ
1614～1615年
大坂冬之陣、夏之陣
德川家康和秀吉的兒子秀賴對立。歷經二度交戰後，豐臣氏滅亡。戰國時代就此落幕。

①

戰國時代軍隊的組織圖

戰國時代的軍隊狀態與以前的軍隊有明顯的區別。隨著軍隊規模的增大，為方便統率，加快了體系化的腳步。而士兵又是如何編入軍隊呢？

總大將

擁有最終權限的最高指揮官。通常由大名本人擔任，大名不在時則由代替的家臣擔任。
例如：德川家康（德川軍）

副將

總大將的輔佐。大多任命親屬等值得信賴的人擔任。
例如：豐臣秀長（豐臣軍）

軍奉行

代替總大將實際在戰場上指揮士兵者。
例如：大谷吉繼（豐臣軍）

馬廻眾

在大將身邊擔任護衛和傳令任務。為直屬家臣精英部隊。
例如：前田利家（織田軍）

軍目付

負責監視軍隊整體動靜，能證明士兵戰功的人員。
例如：石田三成（豐臣軍）

小荷駄奉行

負責監督戰場上兵糧的運輸。

旗奉行

在本陣周邊負責總大將的護衛工作。

弓奉行

負責指揮裝備弓矢的部隊。

槍奉行

負責指揮裝備長槍的部隊。

隨時代變遷，戰爭規模和動員人數也變得愈來愈龐大。

截至室町時代為止，戰爭的徵兵對象為地方領主及其臣下，主君會恩賜他們知行地，他們則以武士身分奉公作為回報。

到了戰國時代，連武士以外的農民等下級士兵（即所謂的足輕）也會受到動員。為了率領多達數萬人的軍隊，戰國時代的軍隊組織分工仔細，每個職務都設有大將。

大名若親赴戰場，就由大名擔任總大將；大名不在戰場時，則從大名的家族或

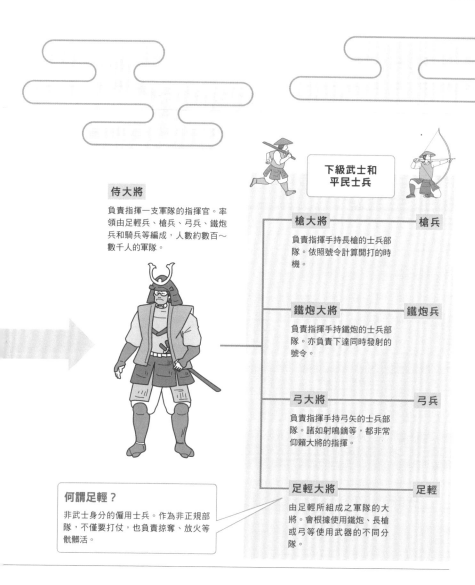

侍大將

負責指揮一支軍隊的指揮官。率領由足輕兵、槍兵、弓兵、鐵炮兵和騎兵等編成，人數約數百～數千人的軍隊。

下級武士和平民士兵

槍大將 ──── **槍兵**

負責指揮手持長槍的士兵部隊。依照號令計算開打的時機。

鐵炮大將 ──── **鐵炮兵**

負責指揮手持鐵炮的士兵部隊。亦負責下達同時發射的號令。

弓大將 ──── **弓兵**

負責指揮手持弓矢的士兵部隊。諸如射鳴鏑等，都非常仰賴大將的指揮。

足輕大將 ──── **足輕**

由足輕所組成之軍隊的大將。會根據使用鐵炮、長槍或弓等使用武器的不同分隊。

何謂足輕？

非武士身分的僱用士兵。作為非正規部隊，不僅要打仗，也負責掠奪、放火等骯髒活。

深得信賴的重臣當中挑選代理人（＝陣代）。採取上意下達的形式，由馬廻眾將總大將的指示傳達給各軍隊的侍大將。

侍大將率領的軍隊，會依照長槍、鐵炮、騎馬、弓等兵種不同來分隊。除此之外，還有部署由戰國時代特有的非正規僱用軍──足輕所組成的軍隊。在戰國時代的戰爭中，過去封建制度下的傳統軍隊體制與嶄新的足輕動員體制相互融合，誕生了全新的軍隊形式。

戰鬥型態的變遷

提到描寫戰國時代的戲劇和漫畫中最熱血激昂的一幕，非魄力十足的戰鬥場面莫屬了。其實，戰鬥方式會隨著時代而改變。大家熟悉的大軍之間的戰鬥，也是到了戰國時代才奠定的。

平安～鎌倉時代，以雙方騎在馬上相互射箭的「一對一騎射戰」最為普遍。

平安時代（794～1185 年）	鎌倉時代（1185～1333 年）

歷 經武士崛起的平安時代、武士成為政權中心的鎌倉時代，以及動盪不安的南北朝、室町時代之後，進入群雄割據的戰國時代。戰鬥型態持續變化，變成符合每個時代的形式。

截至平安時代為止，戰爭的特徵為「一對一」。首先大將先出聲謾罵對方，鼓舞己軍，使敵軍畏縮。當敵軍受到刺激情緒激動時，雙方就此「開戰」，互射鳴鏑後

開始進行一對一戰鬥。一對一的戰鬥方式為騎射戰，雙方騎馬奔馳，瞄準對方盔甲的隙縫射箭。此外也存在著絕不能射馬、旁人絕不可出手、分出勝負後才進行混戰的「法則」。

另一方面，接下來在本書所要介紹的戰國期戰爭，與過去在某種程度上有些悠哉的戰爭截然不同。戰鬥型態先是從一對一轉變為徒步戰、斬擊戰等近戰，其後轉變

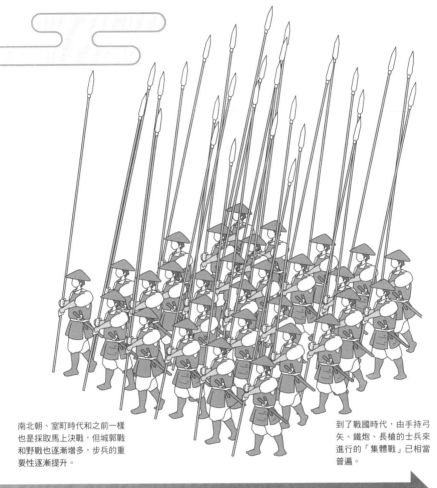

南北朝、室町時代和之前一樣也是採取馬上決戰，但城郭戰和野戰也逐漸增多，步兵的重要性逐漸提升。

到了戰國時代，由手持弓矢、鐵炮、長槍的士兵來進行的「集體戰」已相當普遍。

南北朝、室町時代（1333～1467年）　　　戰國時代（1467～）

成使用弓矢和鐵炮的遠距戰，戰爭的主角也從採取騎馬戰的上級武士，變成負責集體戰的足輕。此外，以作為城砦的城堡為舞台的城郭戰也逐漸增加，成為新的風潮。

而長槍和刀也因應逐漸變化的軍隊和戰場而改頭換面，加上鐵炮等新兵器的傳入，軍隊編制、戰鬥方式及戰術等也都產生了變化。

之後，在尚有戰爭的江戶時代初期，還保留著一些戰國時代的戰鬥方式。隨著時代變遷，進入太平之世，戰爭也漸漸減少。加上幕末時西洋的新技術等也傳入日本，開始採用最新式的槍、大砲、軍艦等武器和西式軍隊編制等技術，使得戰鬥型態出現新變化。

contents

第一章 ❖ 戰爭的法則

🌀 流程和戰法

🌀 近戰武器 ▶▶▶ 長槍、刀、忍具

第二章 ❖ 出陣、進軍的法則

第三章 ❖ 暗地操作、戰後的法則

專欄

第一章

戰爭的法則

❖

戰國時代，每天都在進行以血洗血的戰爭。實際在戰場上
拼命奮戰的士兵們究竟使用什麼樣的武器，又是在何種戰
術下行動呢？本章將逐一介紹具體的武器用法、兵法以及
在城內的作戰方式等，解說戰場上的「法則」。

戰國時代的戰爭
有規矩和程序

對應人物 ▷ | 大名 | 武士 | 足輕 | 傭兵 | 農民

對應時代 ▷ | 室町後期 | 戰國初期 | 戰國中期 | 戰國後期 | 江戶初期

❖ 從互射鳴鏑到長槍互刺
戰爭也有應遵守的程序

兩軍布陣完後，戰場上便響起太鼓和法螺貝聲。為提高軍隊士氣，士兵大喊「欸、欸、喔！」之後，就要開戰了。這時，首先進行的是「互射鳴鏑」。以發射時會發出聲響的「鏑矢」（參見 p.51）為信號，弓隊便齊一放箭，一陣箭雨射向敵陣。這也是為了在展開白刃戰前先多少削減敵軍人數。原本經常使用的是搭箭就射的弓矢，不過在鐵炮普及後，也會用鐵炮來代替弓矢。

互射鳴鏑之後，雙方便派出前衛部隊長槍隊前進，用長槍相互刺擊。在這階段，雙方原本相隔 50～100 間（約 90～180 m）的距離，一口氣就縮短為 12～13 間（約 22～24 m），展開近戰，目的是要瓦解敵軍的陣形。一發現敵陣露出破綻，就馬上派出騎馬兵，戰爭正式進入混戰。

戰況陷入不利時，除非有無法逃脫的理由，像是為了維護家名聲譽，無論如何都得設法阻止敵軍進軍等，否則必須得撤退。部隊停止戰鬥轉為撤退，稱作「退離陣線」，若要全軍一起撤退的話，就得展開最困難的撤退戰了。

獲勝的敵軍士氣到達最高點，而背對士氣高昂的敵軍撤退自然不是件容易的事。敗軍中負責殿後的部隊稱為「殿軍」，為了讓己軍順利逃出，殿軍必須賭上性命阻擋敵軍追擊。1570年，織田信長在金崎之戰遭到盟友淺井家背叛而走投無路，這時擔任殿軍的，就是當時名為木下藤吉郎的豐臣秀吉。

戰爭的進行方式

戰爭的流程和應遵守的程序

即使在群雄割據的戰國亂世，開始進行混戰前也有應遵守的程序。當然也有許多例外，像是後面會介紹的突襲等。除非是這類特別作戰，否則都會遵守程序，這可說是戰國時代的常識。

一連串的流程

先從互射鳴鏑開始，接著是長槍隊進行近戰，最後才展開混戰。

① 進攻

使己軍前進到敵陣附近。敵陣也是同樣的進行方式。

② 互射鳴鏑

一但開始射鳴鏑就表示開戰。弓兵齊一放箭，開始「射鳴鏑」，敵陣也開始射箭。

③ 長槍互刺

派裝備長槍的士兵集中到軍隊前方，雙方展開壯烈的長槍攻勢。若能成功瓦解敵陣，就直接衝入。

④ 騎馬隊衝入敵陣

騎馬隊衝進被長槍瓦解的敵軍之中，以機動性和壓迫感瓦解敵軍。

⑤ 短兵相接

雙方不斷瓦解彼此的陣形，最後演變成混戰。戰爭持續至其中一方確定敗陣後撤退，或是其中一方的總大將被殺死。

戰國檔案

「撤退」並不等於「敗戰」！

在上一頁介紹的「金崎之戰」中，織田信長中了淺井朝倉軍的圈套，不過當時信長迅速撤退，所以沒有白白損失兵力。接著信長在同年的「姊川之戰」報復似地滅掉淺井和朝倉，可以說當時撤退的決定最終帶來了勝利。

突然退離陣線

前田利家的逸事（1583年）

在柴田勝家和羽柴秀吉交戰的賤岳之戰中，柴田勝家軍的前田利家突然撤離陣線，退出戰線。有說法認為利家和秀吉私下勾結，最後勝家吞下敗仗。

❖ 基本陣形「八陣」乃是諸葛亮所創

在戰場上與敵軍相對時，總大將會視當時的狀況配置並編制部隊。完成的軍隊配置就是「陣形」。

陣形中最為有人氣的是自中國傳入的「八陣」，據說是諸葛亮所創。其中包含「魚鱗」、「鋒矢」、「鶴翼」、「方圓」、「偃月」、「衡軛」、「長蛇」、「雁行」這八種陣形，各具特色。

魚鱗、鋒矢兩種陣形適用於突破敵陣。魚鱗的陣形狀似魚鱗，兵力集中在中央，使前端突出，提高突破力。鋒矢的特色則是強化一點突破，是兵力少的部隊才能運用的陣形，但由於兩側及後方守備較薄弱，不利防禦。

鶴翼、衡軛和方圓都是考量到因應對方攻擊進行包圍戰的陣形。Ｖ字型的鶴翼是以左右展開的雙翼包圍衝過

來的敵軍。衡軛對付正面突破型的魚鱗和鋒矢相當有效。這種陣形是將軍隊排成兩列縱隊，將敵軍圍入陣內，據說常用於山岳戰。方圓則是將軍隊配置成圓陣，不論敵軍從哪攻擊都能應對自如。防備突襲時也會採用此陣形。

其他陣形當中，遇到山谷等特殊狀況會採用前後左右都能應戰的長蛇，但缺點是指揮系統容易被切斷。雁行是以空中飛翔的雁群為形象，容易轉換成其他陣形，攻守平衡絕佳。最後是偃月，偃月指的是半月，可以中央兵力（右頁的▲部分）承受採用鋒矢之陣衝過來的敵軍，並封閉兩翼，將敵軍包圍殲滅。

戰爭會受到敵軍戰力和己軍士氣、當時的戰局、天候及地形等各種因素的影響。基於上述因素，總大將必須臨機應變，靈活運用多種陣形才行。

八種基本陣形

陣形的基礎和契合度

因應戰況配置陣形，就能進行更有效的攻擊和防禦。認識當中八種基本陣形，看清各陣形的特徵和契合度，也是在戰爭中獲勝的重要因素之一。

魚鱗之陣

陣形的基礎。能有效突破敵陣中央。尤其是當敵軍採用鶴翼之陣時，中央兵力較薄弱，容易突破。

偃月之陣

以彎如新月的部分包圍前來突擊的敵軍。前鋒和後陣的距離很近，容易進行合作。

鋒矢之陣

用於以少數兵力突擊大軍時。若是受到來自側面和後方的攻擊或是被包圍，威力就會減弱。

衡軛之陣

適用於抑制攻打過來的敵軍，缺點是難以抵禦來自前方以外的攻擊。

鶴翼之陣

如同鶴向左右展翅般的陣形。可包圍攻入陣形中央的敵軍。對付兵力較少的對手相當有效。

長蛇之陣

軍隊整體串連成一長排的陣形。能因應狀況向左右迅速展開，進行合作。

方圓之陣

將各部隊配置在圓陣上，能對付來自各個方向的攻擊。防備突襲相當有效。

雁行之陣

陣形如同在空中飛翔的雁群，能因應狀況變化成各種形態。攻守平衡絕佳。

指揮官的命令
如何傳達？

對應人物 ▷	大名	武士	足輕	傭兵	農民	對應時代 ▷	室町後期	戰國初期	戰國中期	戰國後期	江戶初期

❖ 奏響太鼓和法螺貝
在寬廣的戰場上指揮大軍

肖像畫中武將手上拿的「軍配（軍配團扇）」一詞的由來，是出自出陣時藉由占卜吉凶、觀天文，對軍陣做出適當配置的兵法。扇面部分也帶有防禦箭彈之意。「采配」是指飾於扇柄末端的紙片或氂牛毛，常用做指揮道具。原本用來搧風取涼的扇子，也快變成武將的特徵之一。「軍扇」的圖案以描繪日月居多，偏好以紅底搭配金箔太陽或銀箔月亮等，讓人一目了然的顯眼設計。

使用這些指揮道具，只能在近距離傳達命令。在分不清敵我的戰場上，為了迅速將命令傳達到遠方，人們構思出各式各樣的道具。諸如「陣鐘」、「陣太鼓」、「法螺貝」等訴諸聽覺的樂器，能在戰場上發出巨大聲響，傳達指揮者的意思。此外，不光是發出聲響，還能改變敲打方式，藉由聲音長短、音調、次數傳達多樣化的命令。比方說敲一次陣鐘代表用餐，兩次表示武裝，三次表示列隊之類。陣太鼓用於指示軍隊進退、鼓舞士氣等目的，也有大小各種尺寸。大太鼓需用板車運輸，中型太鼓由兩人以抬棒扛起，小太鼓則可一人背負。

修驗者所拿的法螺貝也因形象威武，而被用於戰場。用來傳達進退的信號或是在撤退時吹奏的法螺貝，稱作「揚貝」。

以視覺方式傳達命令的代表性例子，就是「狼煙」。這種方法是藉由點火生煙來傳達信號。狼煙可透過顏色的組合傳達多種命令。據說藉由狼煙接力的方式，就能將命令傳達到遠方。

發出信號的道具

將戰況往有利的方向推進的各項道具

在大範圍的戰場上，為了向眾多士兵傳達指示，必須透過視覺及聽覺讓士兵們認識指示。在電影和戲劇的戰爭場景中，法螺貝響亮的聲音令人印象深刻，這也是指揮官信號的一種。

流程和戰法

近戰武器

遠程武器

防具

馬

標記

不同場地的戰爭

近距離

指揮信號道具

近距離的指示透過視覺，長距離的指示則透過聽覺來傳達。至於更遠距離的指示，則會使用旗幟和煙來傳達。

軍配團扇

用於指揮的指揮用具。亦可當作盾牌，抵擋敵軍發射之箭彈。

采配

原形是神社使用的御幣。前端的采是使用一種叫做檀紙的和紙製成。

軍扇

從鎌倉時代起就作為大將指揮軍隊之用的扇子。

陣太鼓

大型鼓要用板車載運。亦可用來鼓舞士兵。

陣鐘

每個大名都有自己的信號，藉由敲擊方式來傳達。

法螺貝

平安時代末期起使用於軍陣的指揮用具。

軍旗

為了讓遠方也能清楚看到，採用相當顯眼的設計。

狼煙

可用火藥替煙上色，或是使用可燃素材來調整煙量。

遠距離

採取突襲攻擊
能夠以少勝多!?

對應人物 ▷ | 大名 | 武士 | 足輕 | 傭兵 | 農民 | 　　對應時代 ▷ | 室町
後期 | 戰國
初期 | 戰國
中期 | 戰國
後期 | 江戶
初期 |

❖ 以寡擊眾的突襲攻擊
讓信長和義經一戰成名

「突襲」是兵力居於劣勢的一方，為了讓戰況起死回生所採用的戰術。這個出其不意、趁虛而入的戰術，最重要的就是不讓敵軍發現，盡可能讓敵軍大意。「夜討／晨襲」及「背面／兩側進攻」是這類突襲戰術典型的模式。

夜討即夜襲之意。晨襲也幾乎是相同意思，是在天未亮的清晨準備發動攻擊的戰術。在沒有電力，只能仰賴月光或星光的時代，在漆黑一片的夜裡進行交戰，恐有誤擊同伴的風險。因此，當時會避開夜晚戰鬥。正因特地派寡兵（少數兵力）在夜晚突擊，這種戰術才會效果十足。

除了趁黑夜攻擊外，在白天發動突襲也是一種特例，史上最知名的突襲——桶狹間之戰和一之谷之戰都是在白天進行的。

在知名的桶狹間之戰中，原本只是弱小大名的織田信長，擊敗了擁有十倍以上兵力的今川義元，此戰也是典型的突襲攻擊。信長得知今川義元的本隊在桶狹間山休息後，便出城偷偷接近桶狹間山，從山上對山麓的今川義元發動突襲，擊敗今川軍，因而聲名大噪。

從桶狹間之戰回溯四百年，平安時代源平戰爭的其中一戰「一之谷之戰」中，源義經的「鵯越俯衝而下」也是相當知名的突襲。平氏軍布陣於一之谷，正當雙方戰鬥陷入僵局時，義經率領七十騎從一之谷後方的鵯越懸崖騎馬俯衝而下，發動襲擊。據說平氏軍被逼得只得敗退。儘管此戰諸說紛紜，不過從敵陣背後發動襲擊，可說是背面進攻的典型事例。

兩種突襲模式

「突襲」大致可分成兩種

突襲是為了讓敵方出乎意料，使戰況有利於我方的攻擊。雖說統稱「突襲」，也可分成幾種模式。最具代表性的模式就是「方向」和「時間」。

夜討／晨襲　趁天色未明時時埋伏兵力，當天色破曉時便開戰的戰法。

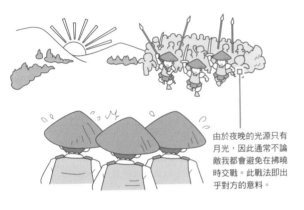

由於夜晚的光源只有月光，因此通常不論敵我都會避免在拂曉時交戰。此戰法即出乎對方的意料。

嚴島之戰　事蹟

毛利元就四千兵力 vs 陶晴賢兩萬兵力

元就在嚴島引誘陶氏大軍前來，趁夜晚暗中包圍在嚴島紮營的陶軍，一到早晨便同時發動攻擊。遭到突襲的陶軍全線瓦解，元就順利擊敗兵力有五倍之多的敵軍。

背面／兩側進攻　從出乎意料的方向發動攻擊，誘使敵軍陷入混亂的戰法。

軍隊不怕從正面進攻的敵軍，卻很怕來自側面及背面的攻擊。

桶狹間之戰　事蹟

織田信長三千兵力vs 今川義元兩萬五千兵力

織田軍對抗侵犯織田領地的今川軍。義元因前哨戰獲勝而輕忽大意，率軍在桶狹間山休息，卻沒有察覺在豪雨的掩蓋下進軍的織田軍，遭到突襲。

佯裝敗戰來殲滅對手的
「釣魚戰法」

對應人物 ▷ | 大名 | 武士 | 足輕 | 傭兵 | 農民

對應時代 ▷ | 室町後期 | 戰國初期 | 戰國中期 | 戰國後期 | 江戶初期

❖ ## 憑著「釣野伏戰法」
稱霸九州的島津義久

　　事先在預設會成為戰場之處配置士兵，稱作「伏兵」。同時，伏兵一詞也是指事先埋伏的士兵。伏兵是突襲戰法（參見p.22）的一種，進行順利的話甚至會左右戰爭的勝敗。

　　九州戰國大名島津義久發明了有效運用伏兵的「釣野伏」戰法。要實施釣野伏戰法，首先要將軍隊分成本隊和伏兵部隊。一旦進入戰鬥狀態，就要斟酌時機佯裝落敗而逃，引誘趁勝追擊的敵軍到設置伏兵的場所，進行包圍殲滅。

　　為了不讓敵方起疑，巧妙地假裝敗逃非常重要。此外，由於得分散重要的兵力，在進入敗逃之前的開局戰必須得以寡兵迎敵。這種戰術需背負高風險且難度極高，不過一旦敵方中了埋伏，接下來就十拿九穩了。出乎意料的伏兵攻擊，加上佯裝敗逃的誘餌也轉逃為攻，雙方的立場瞬間逆轉。

　　1578年，島津義久在耳川之戰擊敗同為九州有力大名的大友氏時，也是採用此一戰術導向勝利。在1587年對豐臣的緒戰「戶次川之戰」中，採用釣野伏戰法的島津方贏得勝利，但最後島津氏還是讓豐臣秀吉平定了九州。後年，島津軍作為豐臣政權的一員，在文祿、慶長之役中的泗川之戰與明朝、朝鮮聯軍交戰時，巧妙地運用伏兵擊敗敵軍。雖說伏兵並非島津的專利，不過從在戰場上有效運用這點來看，無人能出島津義久之右。

島津的「釣野伏」

誘騙眾多敵人的「釣野伏戰法」

伏兵是與突襲並列為奇策的代表性戰法之一。這裡將介紹使用伏兵戰法的事例當中，最有名的島津氏「釣野伏」戰法。

釣野伏｜利用誘餌和伏兵讓敵方誤以為居於優勢，伺機埋伏的戰法。

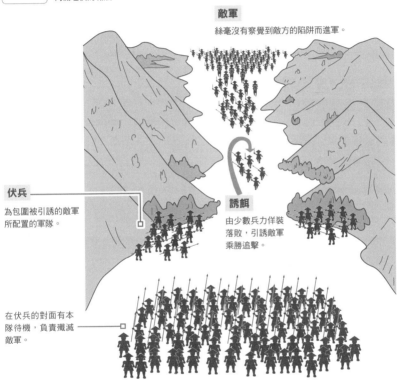

敵軍
絲毫沒有察覺到敵方的陷阱而進軍。

伏兵
為包圍被引誘的敵軍所配置的軍隊。

誘餌
由少數兵力佯裝落敗，引誘敵軍乘勝追擊。

在伏兵的對面有本隊待機，負責殲滅敵軍。

戰國檔案

展現島津家團結力的「島津撤退」

另一個有名的島津奇策，是島津軍在1600年關原之戰中運用「捨奸」戰法，突破敵陣成功撤退。遭到東軍包圍的島津軍，竟從敵陣中央殺出一條血路。留下來斷後的殿軍部隊奮戰至死，若是敵軍又追上來，替補上來的殿軍就繼續奮戰至死，如此重複。這種保全大將性命的特殊戰法，稱作「捨奸」。大將島津義弘付出了龐大的犧牲才得以存活，完全展現出「保全主君才有生路」的戰國風潮。

戰爭陷入僵局時，就煽動對方

對應人物 ▷	大名	武士	足輕	傭兵	農民

對應時代 ▷	室町後期	戰國初期	戰國中期	戰國後期	江戶初期

❖ 藉由刈田或放火減少糧食 以擲石和謾罵激怒對方！

兩軍在戰場上布好陣後並不會馬上開戰。若雙方決心一決雌雄則另當別論，大多時候雙方在心情上會有落差。

舉個例子，我們來看看攻方和守方立場上的差異。一般情況下，攻方在戰力上通常會占優勢；而不想正中對方下懷的守方，自然不會輕易行動。此時就會形成雙方對峙不動的膠著狀態。若是戰爭長期化，即使什麼也不做也會浪費糧食和物資。這麼一來攻方就傷腦筋了。時值戰國時代，考慮到四面皆敵的實際情況，侷限在單一戰場有很大的缺點。這時就必須挑釁敵方，誘使態度消極的敵方加入戰鬥。

由於目的是要讓毫無動靜的敵方行動，只要設法製造讓對方不得不行動的狀況就行了。到對方領地割下收成前稻麥的「刈田狼藉」，就是挑釁行為的代表例子。「割青田」也是一樣，青田是指收成前長著青苗的農田。不論在哪個時代，糧食都是維持戰線的生命線，糧食被糟蹋了，當然無法默不作聲。在農田和房屋「放火」、「擄掠」人民（領民）和家具也和刈田一樣，能有效引誘對方出戰。

其他方法還有「擲石」、「謾罵」等。如同字面一樣，擲石是向對方扔擲石頭，謾罵則是口出惡言激怒對方。無論如何，讓對方動怒，接下來就十拿九穩了。只要有人違背長官命令發動攻擊，期待已久的戰爭就會開打。

挑釁行為

戰國時代打破膠著狀態的戰法

陣勢布置完成，準備開戰時，兩軍都採取警戒態度，對峙不動，有時戰況也會長時間陷入膠著狀態。為了打破這種狀況，就會採用「挑釁」戰術。

挑釁行為的種類　為了有效挑釁，會故意做出觸怒對方的行為。

割稻

派兵到敵方領地收割稻、麥等農作物。愈接近收割時期效果愈好。

放火

在城下町、村落或田地放火燃燒的行為。放火也有減少敵方糧食的效果。

擄掠

闖入敵方家中搶走所有家具和糧食，有時也會擄走女性和小孩。

謾罵

對敵方惡言相向，例如大罵對方「沒用」等。有時敵方也會回罵。

---

column　輕易受到挑釁就正中敵方下懷

據說猛將榊原康政在小牧、長久手之戰成功挑釁了秀吉。他提到秀吉的出身，說：「秀吉乃是野人之子。其後成為馬前走卒……（羽柴秀吉不是人，不知是哪來的死馬骨頭……）」激怒了秀吉。秀吉怒而出兵，無法冷靜指揮軍隊，結果在局地戰吃了敗仗。

鹽、虛張聲勢、馬──
決勝負的奇策

對應人物 ▷ | 大名 | 武士 | 足輕 | 傭兵 | 農民 |　　對應時代 ▷ | 室町
後期 | 戰國
初期 | 戰國
中期 | 戰國
後期 | 江戶
初期 |

❖ 運用大小計策
彌補戰力差距的戰國智慧

戰國時代，為了制敵，必須使用大大小小的謀略。其中，「斷鹽」可說是規模最龐大的策略。

甲斐的武田信玄、相模的北條氏康和駿河的今川義元基於戰略上的必要，締結了名叫「甲相駿三國同盟」的和平條約。這時發生桶狹間之戰，今川義元死亡，讓周邊局勢產生了變化，同盟也出現裂痕。在這之中，繼承義元之位的的今川氏真與北條氏康聯手實施的策略就是「斷鹽」。武田的領地甲斐和信濃都是內陸，無法取得鹽，只能仰賴進口。所以他們要阻斷鹽流通到武田領地。

人類沒有鹽就不能活。即使是擁有戰國第一武力的武田也一樣。此時，信玄的宿敵上杉謙信竟然對陷入窘境的武田伸出援手（據說實際上是為了活化領地的商業）。此即有名的軼事「給敵人送鹽」。若沒有謙信，今川和北條對武田之戰應該會相當有利。

在戰爭中，有時也會實施戰術級的策略。「虛張聲勢」就是其中一種。即營造虛有其表的兵力，使對方產生有大軍來襲似的錯覺。其實，找農民等非戰鬥員穿上舊具足，手拿臨時趕製的旗幟和竹槍來佯裝士兵，這種情況司空見慣。

此外，還有一種奇策。羽柴秀吉在攻打淡河城時，淡河城主淡河定範從轄內召集超過五十匹以上的母馬，朝敵軍放出母馬。由於當時的軍馬全是公馬，羽柴方的公馬全都因興奮而暴動，打亂了軍隊。淡河軍趁機殺入敵陣，使得羽柴方敗逃。正因沒有將公馬去勢的習慣，這種反常的策略才能成立。

三種奇策

能威脅敵方、超乎想像的戰術

在戰術當中，有絞盡腦汁構思的戰術，也有意想不到的奇妙戰術。這些戰術算不上是正面進攻，但或許是因為處在輸了家門就會滅絕的極限狀況下，才會誕生出與眾不同的策略。

奇策的種類

透過異想天開或精心策劃的戰術來愚弄敵方，一決勝負。

斷鹽

鹽乃是人體必須的營養素。一旦阻斷供鹽路線，無法取得鹽的山谷地區就會無力抵抗外敵。

> **著名的評定**　（事蹟）
>
> **今川氏真的斷鹽策略（1568年）**
>
> 今川氏真對鹽商下令，禁止供應鹽給從駿河灣取得鹽的武田氏。

虛張聲勢之計

召集農民和町人佯裝成大軍的戰術。

> **戰國檔案**
>
> #### 使用牛的奇妙戰術
>
> 類似「虛張聲勢之計」的戰術還有在牛角綁上火把佯裝成大軍的「火牛計」。這是關東的戰國大名北條早雲最擅長的戰法，至於火牛計是真是假，目前尚無定論。

放母馬

朝騎馬隊軍隊放出母馬，戰馬就會失控。有助於降低敵方戰力。

29

聽到「欸欸」、「喔！」
開始攻擊

對應人物 ▷	大名	武士	足輕	傭兵	農民		對應時代 ▷	室町 後期	戰國 初期	戰國 中期	戰國 後期	江戶 初期

❖ 「欸欸」、「喔！」的戰吼
　是發動攻勢的信號

在戰場上，能不分遠近傳達給大批人馬的「聲音」相當重要。最常用的就是「戰吼」。

當大將大喊「欸欸」時，麾下的士兵便會異口同聲地回應「喔！」。「欸」這個發音對應到日文漢字應為「曳」或「銳」，「喔」對應的漢字則通常寫作「應」。勝利時發出的勝利戰吼也是「欸欸」、「喔！」。在戰場上，戰吼通常都是由擔任指揮官的大將指示士兵發出吼聲。

比方說，一開始會先陸續發射弓或鐵炮等遠程武器，當敵方動搖時，騎馬武士就發出戰吼，進行攻擊；或是前鋒發出戰吼，趁敵軍士兵受驚嚇時，朝著敵軍後方陣地進攻，帶有提振士氣，威嚇對方的企圖。

另一方面，當局勢轉為守勢時，大將會採取下列行動：先讓周遭人出聲大喊，然後讓部下跟著應和。這種做法，具有降低己軍因敵軍進攻時慌亂動搖的效果。

相反地，儘管離前線有些距離，有的將領也會下令士兵大聲發出戰吼，或是胡亂發射弓箭和鐵炮，這種將領會被對方看輕。因為戰吼聲也是看穿敵軍能力的一種指標。

為提振戰鬥中士兵的士氣，除了戰吼聲外，也會使用太鼓、法螺貝等樂器。諸如發動攻勢（懸太鼓、押太鼓）、在混戰當中（急太鼓）等時候，會因應狀況來打擊太鼓。激如洪水的聲響能鼓舞人心。這點從兩軍在戰場對峙時，得先彼此相互發出戰吼後才開戰的慣例來看，就不難明白。

戰吼、太鼓

藉由戰吼和太鼓等的聲響來提高戰意，下達指示

在戰場上，聲音也能當作工具有效運用。最常見的就是用於提高戰意、威嚇敵方等目的的「戰吼」。除此之外，在不易傳達指示的戰場上也會用聲響當作簡單的信號。

肩背太鼓 除了進行各項聯絡外，也有提振情緒的效果。

陣中太鼓

大型太鼓也會由多數人來扛。

戰吼

為提高士氣最常用的手法。

法螺貝

吹奏法螺貝的人稱作「貝役」，是相當重要的角色。

「哇！」	向前奔時趁勢發出的叫聲。
「欸欸」	原是用來詢問士兵：「準備好沒？」也可用來詢問盟友：「在這個與敵軍拚個你死我活的場合，你可有足夠的戰意？」
「欸欸」、「喔！」	當大將大喊「欸欸」詢問士兵們是否有充足戰意，士兵則齊聲大喊「喔！」回應大將。

戰國檔案

吉利支丹的戰吼

由吉利支丹發動的日本規模最大的叛亂，即1647年的「島原之亂」，留下了吉利支丹所發出的獨特戰吼「聖雅各」的紀錄。一般認為，聖雅各是指以西巴尼亞（當時的西班牙）的主保聖人聖雅各伯。

流程和戰法

近戰武器

遠程武器

防具

馬

標記

不同場地的戰爭

31

不是只有男性！
戰國時代的女武者

對應人物 ▷	大名	武士	足輕	傭兵	農民	對應時代 ▷	室町後期	戰國初期	戰國中期	戰國後期	江戶初期

❖ 活躍的巾幗英雄
戰國時代的女中豪傑

　　遠離前線的非戰場處稱作「大後方」，一直到太平洋戰爭為止，都存在著女性負責守護大後方的不成文規定。不過在歷史上，也有跟男人並肩戰鬥，甚至表現一點也不輸男性的女性。用老派一點的說法，就是女武者。第一個浮現在各位腦中的，應該是在《平家物語》中登場的木曾義仲愛妾巴御前吧？容貌秀麗的巴御前雖是照料義仲日常生活的「便女」，但據說她也是一名擅長使用薙刀和弓，以一擋千的士兵。

　　名留青史的女武者，大多都具備上述女主角屬性。素有「瀨戶內的聖女貞德」之稱的鶴姬也是其中一人。大山祇神社位於漂浮在瀨戶內海的大三島上，收藏著眾多國寶和重要文化財。在這些重要文化財當中，有一具疑似女用胴丸的罕見鎧甲。胴丸是一種包覆身體的鎧甲，在右腋側將固定釦扣住。根據擔任神職的大祝家社傳《大祝家記》的記載，推測這副胴丸的主人可能是名叫鶴姬的女性。鶴姬生為大山祇神社神職之女，面對戰國大名大內氏的進攻，她親自披上甲冑，手拿薙刀衝向敵陣。當時她年僅十六歲。據說鶴姬曾屢次擊退大內氏，卻因失去戀人而投水自盡。

　　除此之外，還有丈夫死後堅守城池，與德川家康交戰的曳馬城主之妻田鶴之方。歷史小說《無用男之城》裡的甲斐姬也是知名的女武者，她在忍城攻防戰中堅守城池，對抗石田三成率領的豐臣軍。遺憾的是，當時並沒有頒發讚賞戰功的「戰功獎狀」給女性的習慣。若是有這些文獻，說不定會有更多女武者名留後世。

女武者的裝備

知名的女武者巴御前和鶴姬

下面將介紹在英勇奮戰女武者當中的巴御前和鶴姬。前者是平安時代的人物，說到女武者，可不能漏了她。鶴姬是活躍於戰國前期的女性，也是少數留下記錄的女武將。

巴御前的裝備　以勇猛果敢的武士模樣跟隨在義仲身旁的巴御前身上的裝備。

天冠
為少年在騎射或舞樂時使用的裝飾，巴御前拿來代替頭盔。

裝束
鎧甲之下穿的是少年跳舞時所穿的服裝，叫做「稚兒舞」，好讓自己看起來像男人。

鶴姬的裝備　特徵是以海上為戰場的特殊裝備。

薙刀
女性的力氣不如男性，薙刀可藉由離心力發揮極大的力量，因此在戰國時代以後變成女性專用的武器。

胴丸
有曲線，胸部的空間較大，為女性專用甲冑。

毛沓
女性的身體容易受寒，因此在海上時穿上毛沓來禦寒。

戰國檔案

冠上「巴」之名的薙刀

薙刀當中有種刀身較寬，刀反較大的款式，稱作「巴型薙刀」。源自戰鬥時勇猛果敢的巴御前。

33

足輕不可或缺的裝備——長槍

對應人物 ▷	大名	武士	足輕	傭兵	農民

對應時代 ▷	室町後期	戰國初期	戰國中期	戰國後期	江戶初期

❖ 戰國時代的主角——長槍
不是「突刺」而是「挺槍」

明智光秀的家臣當中，有位在本能寺立下戰功的武將，名叫安田作兵衛。他曾提到長槍的技巧，說：「長槍不可突刺，而是自己保持不動，僅將槍柄往後拉，再挺出槍穗。」

像長槍這種長柄武器一定會拉開間隔，所以能搶先對敵方進行攻擊。尤其是對刀砍不到的騎馬武士，可說是相當有效的武器。到南北朝時代為止，士兵都是用弓箭對抗騎馬武士，但其實操作弓箭需要相當的技術。這時，不需要高度技術的長槍成了連足輕也能使用的便利武器，大受歡迎。

長槍屬於長柄武器，給人雙手持槍進行突刺的印象。但實際上，水平挕槍才是最適當的。以靠近對方的手撐住槍柄，另一隻手握在石突（位於長槍尾部可插在地面上的部位）附近，迅速地前後推動，使槍穗伸縮。美濃的戰國大名齋藤道三為使槍名人，據說他在槍穗尖端綁根針，朝吊起來的一文錢洞孔練習挺槍，磨練技巧。

說到長度，戰國時代的足輕所使用的長柄槍長度一般為2～3間（約3.6m～5.4m）。不過織田家長槍的長度為3間半（6.4m），看來不同軍隊的長槍都獨具特色。槍穗的種類也相當多樣化。隨斷面形狀和槍刃形狀的不同，適合的攻擊方式也會不同，根據特性運用效果會更好。

槍柄是使用木芯周圍以竹片包覆的複合材料，外圈再用麻等捲起來綁緊，最後上漆固定。以這種方式製成的長槍相當柔韌，對使用從上方敲擊的長柄槍基本槍法（參見p.38）非常有幫助。

長槍的各
部位名稱
和種類

從戰爭新手到資深武士都能使用的武器

雖然統稱為「長槍」，不過足輕使用的和上級武士使用的長槍種類截然不同。首先來認識長槍共通的基本構造，並比較長度的不同。

基本的長槍

槍柄部分下了不少工夫，像是防止血滴到手的設計等，方便拿握。

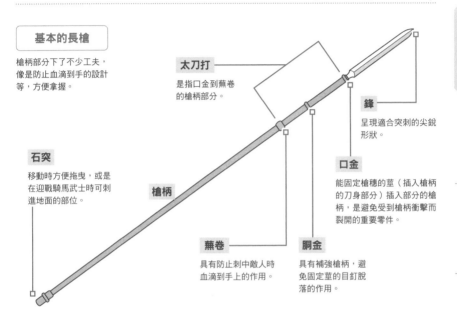

太刀打
是指口金到蕪卷的槍柄部分。

鋒
呈現適合突刺的尖銳形狀。

石突
移動時方便拖曳，或是在迎戰騎馬武士時可刺進地面的部位。

槍柄

口金
能固定槍穗的莖（插入槍柄的刀身部分）插入部分的槍柄，是避免受到槍柄衝擊而裂開的重要零件。

蕪卷
具有防止刺中敵人時血滴到手上的作用。

胴金
具有補強槍柄，避免固定莖的目釘脫落的作用。

素槍

長槍的基本形式。特徵是整體呈筆直的棒狀。

3m

長柄槍

素槍的一種，如同槍衾（參見 p.38）一樣，足輕集團手持此槍就會強大無比。

3.6～6.4m

薙刀

長棒的尖端附有有刀反的刀刃。能像長槍般進行突刺，也能像刀一般進行斬擊。

1.2～1.5m

長卷

力氣太小舉不了又長又大的刀，就會用這種槍作為薙刀或長槍的替代品。

1.8～2.1m

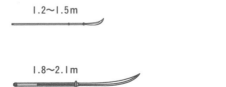

使用方法

持槍方式和握法也有所講究

長槍作為能拉開距離的實戰武器，在戰國時代受到重用。長槍不像刀那樣需要鍛鍊，不過士兵究竟是如何使用呢？

持槍方式	一般採用左手在前，右手在後的姿勢（左手前）。但沒學過如何操作長槍的士兵就會亂敲亂揮。

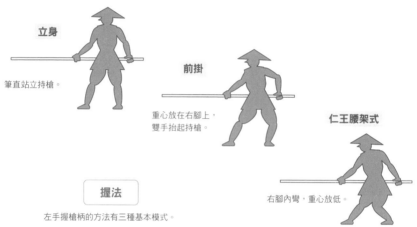

立身

筆直站立持槍。

前掛

重心放在右腳上，雙手抬起持槍。

仁王腰架式

右腳內彎，重心放低。

握法

左手握槍柄的方法有三種基本模式。

模式1：從下方握住

模式2：從上方握住

模式3：從上方抓牢

採用左手前姿勢時，可使用上圖任一方式握住長槍。不過，一旦長槍長度超過2.5m就很難使出挺槍的動作，戰鬥時必須隨機應變。

長槍快速上手祕訣

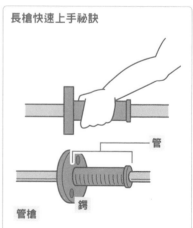

管

鍔

管槍

是指把手部分套有付鍔管套的槍。用左手握住管套來操作，就能用作握柄，使動作變得更迅速。

36

穗先的種類

穗先也獨具個性，特色各異

隨著穗先的斷面、長度和形狀的不同，貫穿力和攻擊力也有很大的差距，可分成戰鬥用、護身用等類型。這裡就來介紹當中最具實戰性的七種穗先。

正三角形穗

斷面：正三角形
突刺型。三面均等，堅固不易折斷，穿透力強。

平三角形穗

斷面：等腰三角形
通用型。一般在戰場使用的類型。不易折斷，突刺斬擊都適用。

笹穗形

斷面：等腰三角形
突刺、斬擊型。屬於平三角形穗的一種，中心部分較粗，能給予較大的傷害。

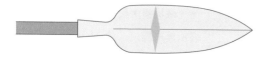

銀杏穗形

斷面：菱形
突刺、斬擊型。管槍（參見 p.36）常使用的類型。

刀身形

斷面：楔形
斬擊型。由於穗先短且輕，容易揮動攻擊。

鷹羽型

斷面：菱形
突刺型。比其他穗先來的短小，主要用於隨身攜帶護身用。

鏃槍型

斷面：等腰三角形
衝擊型。由於前方較粗，突刺時造成的衝擊和傷口也較大。

以量取勝！
運用長槍的集體戰法

對應人物 ▷	大名	武士	足輕	傭兵	農民

對應時代 ▷	室町後期	戰國初期	戰國中期	戰國後期	江戶初期

❖ 舉起長槍穗先，
向敵方敲擊、敲擊、再敲擊！

開戰時進行的互射鳴鏑，儀式意義較強。實際的戰鬥則是從足輕槍組相互敲擊開始。長槍大多給人刺擊的印象，不過集體戰法基本上都是將豎立的長槍往下劈，敲打敵方，或是朝敵人的腳掃去。當對方失去平衡時，這才舉槍刺擊。對付騎馬武士時，首先瞄準馬腳，等對方落馬時再由數人一起刺殺。

最有名的長槍集體戰法就是「槍衾」。這個戰法是由足輕深握槍柄靠近石突的部分，排成三列左右的隊伍，將穗尖向著敵方，毫無隙縫地並肩進軍。在對方看來，一字排開的槍林就像巨大的衾（棉被）。若對方也使出槍衾的話，就會演變成兩軍槍組之間的激烈戰鬥。總之，這個戰術就

是不斷向敵方敲擊、敲擊、再敲擊，讓對方沒有餘力舉起長槍，等敵陣亂了陣腳就立刻進攻，一口氣擊潰敵方。在戰爭初期階段由足輕槍組進行的戰鬥，有時會成為勝負的關鍵。

這個集體戰法之所以會普及，與戰國時代的背景有關。進入戰國時代後，戰場擴大到全國，光靠武士兵力根本供不應求。於是開始向農民等非戰鬥人員徵兵，讓他們以足輕身分投入戰場，不過這些人原本並非武士，不懂如何戰鬥。而長槍就是連不諳戰鬥的足輕也能操作自如的方便武器。當初，足輕只不過是武士的輔助，之後卻成了足以左右戰爭的重要存在。

戰國大名朝倉孝景曾提到長槍的重要性，說道：「要價金1萬疋的太刀也打不過價值100疋的長槍100挺。讓100名小卒拿著價值100疋的長槍，才能夠保護自己。」

長槍的用法

使用長槍的激烈戰爭

戰國時代戰爭的最大特徵，就是「用長槍進行集體戰法」。長槍只要能拉開與對方的距離就能居於有利之位，槍柄也愈變愈長，在戰場上擁有壓倒性的存在感。

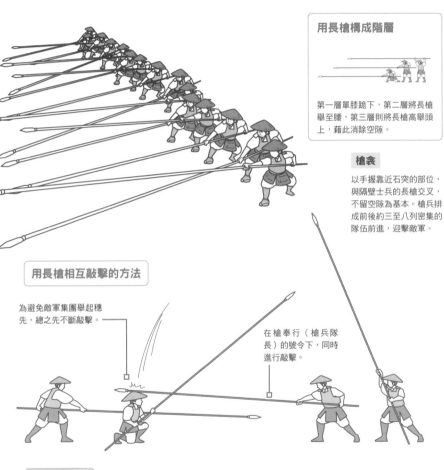

用長槍構成階層

第一層單膝跪下，第二層將長槍舉至腰，第三層則將長槍高舉頭上，藉此消除空隙。

槍衾

以手握靠近石突的部位，與隔壁士兵的長槍交叉，不留空隙為基本。槍兵排成前後約三至八列密集的隊伍前進，迎擊敵軍。

用長槍相互敲擊的方法

為避免敵軍集團舉起穗先，總之先不斷敲擊。

在槍奉行（槍兵隊長）的號令下，同時進行敲擊。

戰國檔案

輸給足輕槍組會被認為死得不名譽

長槍的長柄帶有彈性，因此足輕槍組可藉由將石突插在地面上同時迎擊，刺飛突擊過來的騎馬武士。當馬上的士兵落時，槍兵就會聚集起來刺殺落馬的敵兵。由於是團體戰的勝利，獲得的首級與個人獎賞無關。在這個以死後揚名為榮譽的時代，可說是相當不名譽的死法。

流程和戰法

近戰武器

遠程武器

防具

馬

標記

不同場地的戰爭

長槍也能當作曬衣竿和梯子？

對應人物 ▷	大名	武士	足輕	傭兵	農民	對應時代 ▷	室町 後期	戰國 初期	戰國 中期	戰國 後期	江戶 初期

❖ 將長槍當成長棍
就能用來曬衣服或做成梯子

織田家的長槍有2間（約3.6m）長，被認為是長柄槍的起源。話雖如此，並沒有長槍非到達這個長度不可的固定標準。戰場上為了拉開與敵方的距離，居於有利之位，長槍的長度逐漸變長，甚至出現超過6m長的長槍。「長柄」原本泛指包括薙刀和矛在內的長柄武器，但後來變成了足輕所拿的特長長槍之統稱。

長槍的長度變得很長，平時行軍時大多手持前端拖著長槍走，因此用來插在地面上的石突也會做得比較堅硬。當然足輕不會一直拖著長槍走，在敵方領地內移動或是敵軍靠近時就會扛在肩上，需要展現威儀時就會豎起長槍，將穗先朝天。

長柄槍最主流的用法就是敲擊。不過進入混戰時，足輕當然也會像士兵一樣，用長槍掃敵人的腳、刺擊、斬擊，甚至扔擲。

另一方面，如果把長槍當成帶有長柄的木棒來看，也可用於武器之外的用途。換言之就是當作日常生活道具來使用。比方說可利用長槍撐竿跳，跳越河川或護城河、掛上行李當成扁擔使用。若掛在兩棵樹之間，就能當成曬衣竿；用兩根長槍當成左右支柱，中間架上木棒後，也能當作梯子。

長槍的用法應用篇

除了刺擊外，也是相當便利的生活工具

長槍在戰場上是個優秀的武器，在戰場以外也相當好用。把長槍當作「長棍」，就成了能用於戰鬥以外用途的便利工具。

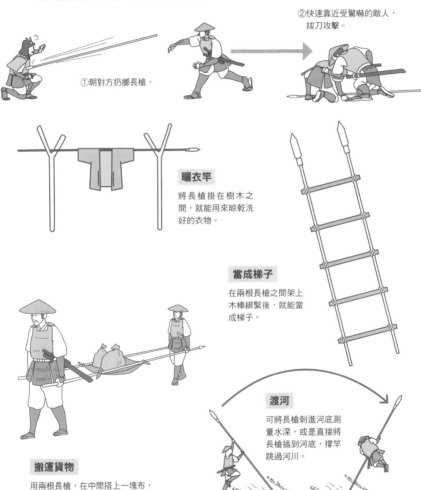

投擲

朝敵人扔擲長槍製造空檔，趁機拔刀直衝上去。對武士來說，這是種卑鄙的手段，但在戰場上卻很常用。

②快速靠近受驚嚇的敵人，拔刀攻擊。

①朝對方扔擲長槍。

曬衣竿

將長槍掛在樹木之間，就能用來晾乾洗好的衣物。

當成梯子

在兩根長槍之間架上木棒綁緊後，就能當成梯子。

搬運貨物

用兩根長槍，在中間搭上一塊布，就能做成簡易擔架。

渡河

可將長槍刺進河底測量水深，或是直接將長槍插到河底，撐竿跳過河川。

流程和戰法

近戰武器

遠程武器

防具

馬

標記

不同場地的戰爭

武士引以為傲的刀，
足輕也能運用自如

對應人物 ▷ 大名　武士　足輕　傭兵　農民　　對應時代 ▷ 室町後期　戰國初期　戰國中期　戰國後期　江戶初期

❖ 操作方便的打刀插在腰間
眾足輕衝向戰場

一般兩刃的刀劍稱作「劍」，單刃的刀劍稱作「刀」。在刀當中，刀身筆直者稱作「直刀」，刀反有弧度者稱作「彎刀」。「彎刀」就是所謂的日本刀。到奈良時代為止，刀都是指直刀，進入平安時代後彎刀登場，流傳至今日的日本刀基本型態就此完成。

相較於適合突刺的直刀，彎刀更適合斬殺。平安時代的人大多在馬上揮刀，利用馬的速度斬殺敵人，因此帶有刀反的刀身斬殺效果更好。

此外，日本刀以刀身長度為基準，分成「太刀」、「打刀」、「脇差」、「短刀」等類型。太刀和打刀的長度超過2尺（約60㎝）以上，短刀長度不到1尺（約30㎝），脇差長度則介於兩者之間。太刀和打刀可藉由佩戴方式來區別。太刀的刀刃朝下，用繩子吊掛（佩戴）在身上；打刀則刀刃朝上，插入腰帶。

到了戰國時代，由足輕組織的集體戰成了戰爭的核心，因此他們使用輕量且刀身短的打刀。一般說到狹義的刀，指的就是打刀。打刀刀身的鍛造和太刀幾乎相同，不同的是刀刃朝上，插進腰帶，因此只需一個動作就能迅速拔刀。為方便從刀鞘拔刀，刀反採用先反（京反。刀反的中心位置比刀身的中心還要偏上）。只要用手腕的力量一砍，就很有效果。

打刀的刀身短，操作方便，主要為足輕部隊使用的武器。不過隨著野戰用的當世具足（參見 p.72）普及，原本佩戴太刀的武將也改成攜帶打刀了。隨著刀的需求量增加，不講究品質的量產品成為主流。這些刀就被稱作「數打物」或「束刀」。

刀的各部
位名稱

成為美術品流傳後世的日本刀，作為武器的姿態

一聽到武士，相信大家腦中最先浮現的武器就是日本刀吧。日本刀是武士的驕傲，現在也有一些日本刀作為美術品流傳於世，而在實際的戰場上，日本刀究竟能發揮什麼功用呢？

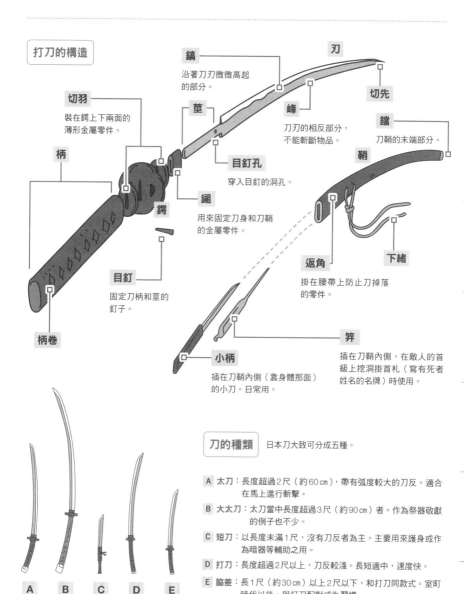

打刀的構造

鎬
沿著刀刃微微高起的部分。

刃

切先

切羽
裝在鍔上下兩面的薄形金屬零件。

莖

峰
刀刃的相反部分，不能斬斷物品。

鐺
刀鞘的末端部分。

柄

目釘孔
穿入目釘的洞孔。

鞘

鍔

鎺
用來固定刀身和刀鞘的金屬零件。

目釘
固定刀柄和莖的釘子。

返角
掛在腰帶上防止刀掉落的零件。

下緒

柄卷

小柄
插在刀鞘內側（靠身體那面）的小刀。日常用。

笄
插在刀鞘內側，在敵人的首級上挖洞掛首札（寫有死者姓名的名牌）時使用。

刀的種類　日本刀大致可分成五種。

A **太刀**：長度超過2尺（約60cm），帶有弧度較大的刀反。適合在馬上進行斬擊。

B **大太刀**：太刀當中長度超過3尺（約90cm）者。作為祭器敬獻的例子也不少。

C **短刀**：以長度未滿1尺，沒有刀反者為主。主要用來護身或作為暗器等輔助之用。

D **打刀**：長度超過2尺以上，刀反較淺。長短適中，速度快。

E **脇差**：長1尺（約30cm）以上2尺以下，和打刀同款式。室町時代以後，與打刀配對成為習慣。

A　B　C　D　E

如何使用刀？

士兵在實際的戰場上是如何用刀的呢？砍倒對方雖是單純的動作，不過刀也有其他武器無法取代的獨特戰鬥方式。

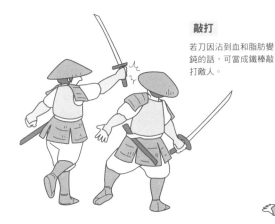

敲打
若刀因沾到血和脂肪變鈍的話，可當成鐵棒敲打敵人。

致命一擊
最後取敵人首級時，用刀殺死對方。

砍傷間隙
瞄準沒有鎧甲保護的隙縫劈砍，使對方流血。

POINT
避免不慎鬆手的設計

因血水或汗水而不慎手滑掉刀，可是攸關生死的重大問題，因此會使用一種叫做手貫緒的繩子，將手腕和鍔固定在一起，以防刀掉落。

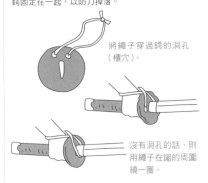

將繩子穿過鍔的洞孔（櫃穴）。

沒有洞孔的話，則用繩子在鍔的周圍繞一圈。

戰國檔案

古刀和新刀

刀劍有幾種分類法。其中一種是在1588年豐臣秀吉實施「刀狩」前後，將舊的刀和新的刀區分為「古刀」和「新刀」。以此為契機，出現了重新檢視應戰時所需而量產的數打物的趨勢。

太刀和打刀

「帶」打刀和「佩戴」太刀

前面已說明過的太刀和打刀的差異，下面將進一步詳細說明。刀必須因應時代和戰鬥方式的改變而變化。打刀和太刀的差異不單是在外型和長度上，同時也反映在使用者和效果上。

刀的佩戴方式　打刀和太刀可根據佩戴在腰上的方式來區分。

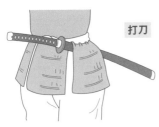

打刀

太刀

刀刃朝上，用刀鞘上的返角掛在腰帶上，插（＝帶）在腰間。

刀刃朝下，在刀鞘上的金屬零件（足金物）綁上繩結，吊掛在腰間（＝佩戴）。

拔刀方式　隨佩戴方式不同，拔刀的步驟也會有變化。

由於刀刃朝下，因此要把刀刃拔到高處後再擺架式。

缺點是比打刀慢一拍。

左手握住刀鞘一轉，使刀刃朝左側方，接著右手手腕往外轉，拔出刀來。

由於拔出的刀刀刃朝著對方，只要一個動作就能轉為攻擊。

---

column　日本刀鋒利的祕密

日本刀的一大特徵就是刀型為日本特有的形狀，稱作「鎬造」。所謂鎬造，是指在刀身表裡兩面形成名叫鎬的稜線構造，使刀刃更加銳利。這是結合反覆鍛造鐵塊好幾次的技法、將刀刃淬火提高硬度的工法，以及在打造一把刀時運用多種不同種類鐵塊的鍛造方法等多項技術，才能製作出來的。

鎬

流程和戰法

近戰武器

遠程武器

防具

馬

標記

不同場地的戰爭

討伐四方敵軍的必殺刀劍術！

對應人物 ▷	大名	武士	足輕	備兵	農民

對應時代 ▷	室町後期	戰國初期	戰國中期	戰國後期	江戶初期

❖ 用刀迎擊前後左右四方的敵人

朝著敵人的腋下等沒有鎧甲和兜覆蓋的空隙刺過去，即為戰爭中刀的基本用法。往上揮斬大腿也相當有效，這也是突擊時特有的戰鬥方式。

靠近敵人時，先單手將刀高舉過頭，接著從右斜方砍下去，擊倒正面的敵人。接著縮回手，將刀架在左肩上，朝右前方的敵人砍下去；至於左前方的敵人，則直接從右方砍過去。透過這一連串的動作，就能打倒敵人。此外，只需一個動作就能轉為攻擊的打刀，能夠馬上應對來自四面八方的敵人攻擊。這在混亂的戰場上大有助益。

不只是刀，刀劍都必須在抽刀後才能砍傷對方。也就是「刃筋直立」（刀刃行走的軌道正確垂直地擊中目標，以發揮刀劍的威力）。這對不習慣的人並不事件容易的事，若不能正確做到刃筋直立，不僅無法確實砍傷對方，甚至會讓重要的刀刃受損，變得無法使用。

兵法中提到的「素肌」，指的並不是沒化妝的肌膚，而是指沒有穿戴鎧甲（甲冑）的部分。刀是被製造用來殺傷人的武器，一旦被刀攻擊就會形成大範圍傷口，不易止血。可以的話，要盡量避免皮膚直接受到攻擊。因此上戰場時，頭部就算不戴兜，也要戴上鉢卷，手臂至少得穿戴簡易籠手。要對付穿戴上述裝備的敵人，就必須使刃筋直立。

在戰國時代，由於打刀普及，不懂武藝的足輕持刀作戰是理所當然的事。話雖如此，武藝不精的外行人也很難戰到最後。

拔刀方式

任何方向的攻擊都能應對

敵人不一定只在前方，也可能會繞到後方，必須預測對左、右等各種角度的攻擊。打刀只需一個動作就能發動攻擊，可在任何場合順利進行攻擊。

拔刀後由下方朝敵人的右手揮刀一砍，再從上方揮刀往下砍。

前

左

右

後

敵人位在刀鞘方向，因此先行刺擊，再從上方揮刀砍下。

回過身拔出刀，先從上方揮刀一砍，接著再次從上方往下砍。

敵人正好位在拔刀方向，因此拔刀後就這樣由下往上一砍，再從上方往下砍。

戰國檔案

儘管很危險，還是得亮著刀奔跑！

在戰場上，瞬間遲疑就會性命不保。打刀的拔刀速度雖快，但也會發生從刀鞘拔刀時就遭到殺害的情況。因此，士兵一旦拔出刀就不會插回刀鞘，甚至會將刀直接扛在肩上移動。這種情況下，會將刀刃朝上，刀身稍微朝外，以免不慎砍到自己的頭。

入侵、偷聽、渡河──
用途廣泛的忍具

對應人物 ▷	大名	武士	足輕	傭兵	農民

對應時代 ▷	室町後期	戰國初期	戰國中期	戰國後期	江戶初期

❖ 靈活運用特殊道具
進行諜報、破壞活動的忍者

戰國時代的忍者從事諜報活動、破壞活動、暗殺等特殊工作。忍具就是為了達成這些工作所使用的忍者特有道具。在伊賀忍者的宗家，藤林長門守的子孫藤林左武次保武所著的《萬川集海》等忍術書當中，將忍具依照用途分成「登器」、「水器」、「開器」、「壞器」和「火器」五種。

登器是登上爬下高處所使用的道具，例如鉤繩等，是電影中忍者爬牆時經常使用的道具。其他還有梯子，基本上是在兩根木棒中間搭上橫木或綁上繩子製成。

水器是指用來渡河或溝渠的道具。有種名叫浮橋的道具，和卷梯子同樣都是繩製梯子，可搭在河川的兩端並用鉤子（尖端為彎曲細長的金屬零件）固定。另外，說到忍者的代名詞還有水蜘蛛，現實中它並非穿在腳上行走於水面，而是當作簡易小船，人坐在中央的木板往前划。

而開器是用來打開宅邸和倉庫大門的道具。像是細長的金屬零件前端分成兩根的「錠前外」、用來破壞門扣的鋼鐵製「刃曲」等。

壞器是用來破壞物品或是當作武器使用的道具。例如忍刀、手裏劍、苦無等，也包含諜報用的道具。

火器除了用於燒毀和殺傷等破壞目的之外，也可用作狼煙或照明。最具代表性的就是火矢。炸裂彈和焙烙火矢（參見p.66）幾乎是相同的東西，亦可用作藏身用的煙幕。

除了上述之外，其他尚有各種多樣化的忍具。這些忍具最大的特徵，都是為避免妨礙忍者的本業諜報活動，採用講求攜帶性及操作容易的樣式。

**忍具的
種類**

具有高實用性的各式忍具

忍具可分成「登器」、「水器」、「開器」、「壞器」和「火器」五種，下面就來介紹當中最具代表性的忍具。從電影動畫等作品中經常登場的忍具，到小眾的忍具，範圍相當廣。

代表性忍具　忍者利用容易隱藏的武器，進行密探行動。

鉤繩

登器的一種。在攀爬高牆時等，或在有高低差的地方移動時使用。不僅方便攜帶，也能揮動繩子當作武器。

刃曲

開器的一種。是能夠破壞、撬開門扣的道具。將鋼鐵製的薄鐵板連接起來，可折疊來調整長度。

鍔

忍刀

壞器的一種。刀身較短，約50 cm左右，方便攜帶。另外，在攀爬圍牆時可將忍刀插在地面，腳踩在鍔上往上蹬。

聞金

壞器的一種。在潛入的屋內可偷聽聲響和說話聲的道具。用細繩將縱長10 cm、寬3 cm的金屬板吊起來，靠近耳朵就能提昇音量，以便竊聽。

浮橋

水器的一種。只要固定在河川兩岸的兩端上，就能架好一座橋。也能利用生長在河岸的蘆葦和圓木等植物來造橋。

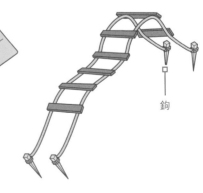

鉤

戰國檔案

何謂「忍者六具」？

即忍者的必備道具，忍者身上都會攜帶這五類忍具。六具為編笠（遮臉用）、鉤繩（如上所述）、石筆（以便記錄暗號等）、藥（解毒和燙傷救急藥）、三尺手拭（代替繩子及遮臉用）和打竹（內部可保存火種）六種。

射程距離達 400 m 的弓矢

❖ 流傳到現代的傳統武器之一

鎌倉時代的武士們平時勤於練弓，也相當擅長騎射。進入戰國時代後，弓變成了足輕集團使用的主流武器。透過與鐵炮合作，爭取填彈時間也是弓足輕所負責的重要任務。

可是，弓很難維持平衡，操作需要熟練的技術。這也是為什麼戰場的主要武器轉變成操作容易的長槍。

中世以前，最主流的弓是以一根木材削製而成的「丸木弓」。之後繼續發展，就誕生了結合木材和竹材、強化性能的「合成弓」。平安時代以後，合成弓成了主流，其後發展為日本特有的和弓。戰國時代經常使用的「四方竹弓」和「弓胎弓」也是屬於合成弓。

四方竹弓是將四角木芯四周以竹片包起來製成的弓，弓足輕也有裝備此弓。弓胎弓則是四方竹弓的發展型，在現代弓道中仍繼續使用。以竹切成的弓胎為芯，兩側用側木夾住，然後貼上外竹（靠靶側）和內竹（靠自己這邊）強化彈性與射程。一般長度為7尺5寸（約2.27m）。

比較弓時，最重要的基準就是有效射程。相對於丸木弓的有效射程為90～100m，合成弓為180～200m，弓胎弓則是200～250m。至於最大射程，丸木弓約300m，弓胎弓則是400m以上。由此可以看出弓胎弓有多優秀。

箭是以矮竹和矢竹為原料製成，再裝上箭羽和鏃。鏃有許多種類，諸如尖銳的「征矢」、Y字型的「雁股」、專射身分高貴將領用的「尖矢」等。可依照用途靈活運用，在戰場上士兵最常使用的就是殺傷力高的征矢。

弓矢各部位名稱

長年活躍於戰場、大家都熟悉的武器

弓矢是從單純的「投擲」物品動作進行的攻擊，進化成被稱為人類發明的第一個射擊武器。在戰國時代，儘管弓矢的零件和構造變得複雜，操作也變難，仍舊是戰場上的主要武器。

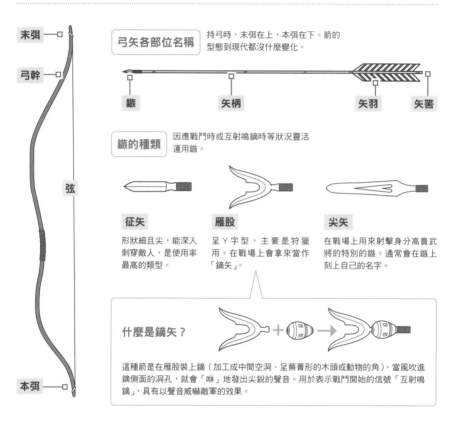

| 弓矢各部位名稱 | 持弓時，末弦在上，本弦在下。箭的型態到現代都沒什麼變化。 |

末弭　弓幹　弦　本弭

鏃　矢柄　矢羽　矢筈

鏃的種類　因應戰鬥時或互射鳴鏑時等狀況靈活運用鏃。

征矢
形狀細且尖，能深入刺穿敵人，是使用率最高的類型。

雁股
呈Ｙ字型，主要是狩獵用。在戰場上會拿來當作「鏑矢」。

尖矢
在戰場上用來射擊身分高貴武將的特別的鏃。通常會在鏃上刻上自己的名字。

什麼是鏑矢？

這種箭是在雁股裝上鏑（加工成中間空洞、呈蕪菁形的木頭或動物的角），當風吹進鏑側面的洞孔，就會「咻」地發出尖銳的聲音。用於表示戰鬥開始的信號「互射鳴鏑」，具有以聲音威嚇敵軍的效果。

弓幹的斷面圖

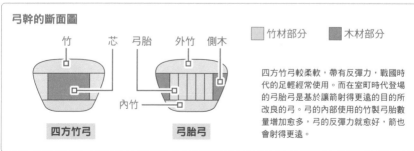

竹　芯　弓胎　外竹　側木　內竹

四方竹弓　**弓胎弓**

▢ 竹材部分　　■ 木材部分

四方竹弓較柔軟，帶有反彈力，戰國時代的足輕經常使用。而在室町時代登場的弓胎弓是基於讓箭射得更遠的目的所改良的。弓的內部使用的竹製弓胎數量增加愈多，弓的反彈力就愈好，箭也會射得更遠。

持弓方式不只一種！

雖然統稱為弓，但畢竟是戰爭，需因應狀況而改變持弓方式。現在的弓道以站立射擊為標準姿勢，不過戰國時代更講求有彈性且具實用性的姿勢。

射型① 割膝

在戰場的基本姿勢。左手貼近身體保護肩膀和腋下，同時將箭搭在弦上威嚇敵方。若目標進入射程，則採兩膝張開跪坐的割膝姿勢射擊敵人。

射型③ 遠矢前

射箭書（指將信綁在箭上，傳達給遠方的人）時的持弓方式。兩腳併攏，使鏃朝上，就能將信射向更遠的遠方。

射型② 矢倉

當自己或敵方位在天花板低矮的地方時的持弓方式。為避免擋到弓，會放低姿勢。

射型④ 跪坐

單膝跪地，將五到六支箭豎靠在膝蓋上，為連續射箭時的姿勢。能立即反應，是相當有效率的射型。

弓具

在戰場上戰鬥的弓兵必備物品

用弓射箭需要各種裝備。弓兵需將預備的箭帶在腰間或背在背上隨身攜帶，以做好隨時都能射箭的準備。

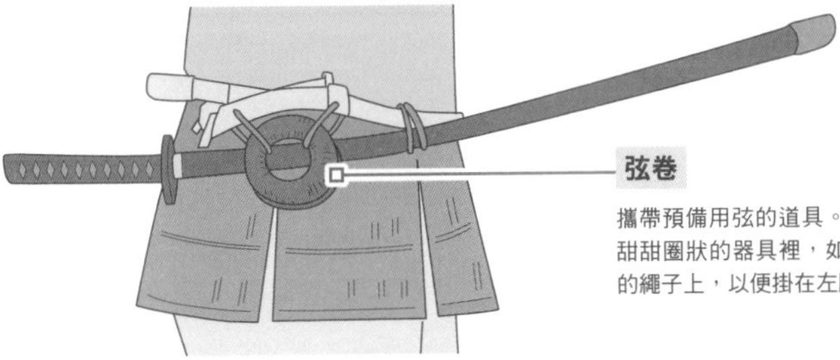

弦卷

攜帶預備用弦的道具。將弦捲好後放在甜甜圈狀的器具裡，如同下圖般綁在箙的繩子上，以便掛在左腰攜帶。

箙

攜帶箭用的道具之一。從鎌倉時代開始使用，將箭插並列在箱內的竹製隔間，隨身攜帶。攜帶的箭數規定為十六支、二十支、三十六支。

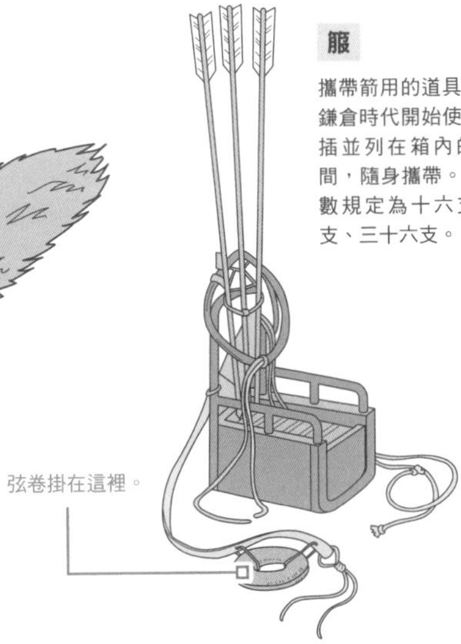
弦卷掛在這裡。

空穗

可將箭收納在空洞部分（圖中左方部分），以背著或掛在腰間的方式攜帶的道具。在戰國時代，一般都是攜帶鏑矢兩支、征矢二十二支、尖矢一支，共計二十五支為一套。

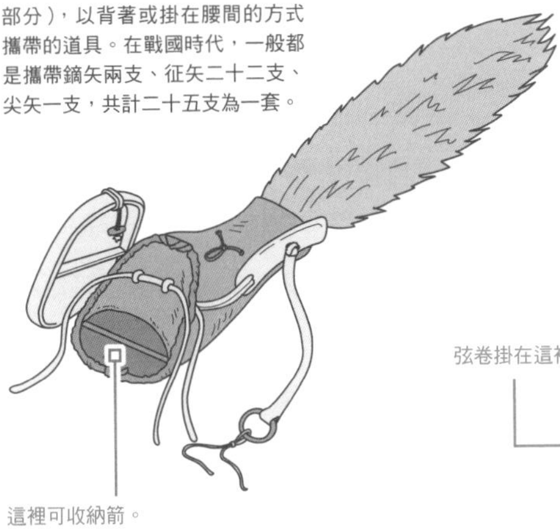
這裡可收納箭。

矢箱

將箭放入其中攜帶用的箱子。可以隨身攜帶，放在地面也很穩定。

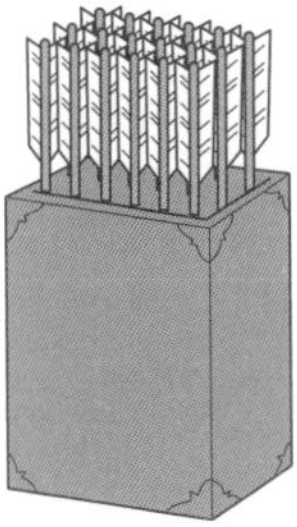

戰國檔案

箙和空穗哪種比較好？

空穗的優點是箭不會弄髒受損，但無法像箙一樣收納那麼多箭。另外箭放在箙裡會外露，較容易拿取。基於上述實用層面，箙較常使用。

流程和戰法
近戰武器
遠程武器
防具
馬
標記
不同場地的戰爭

鐵炮讓門外漢
變成獨當一面的士兵

| 對應人物 ▷ | 大名 | 武士 | 足輕 | 傭兵 | 農民 | | 對應時代 ▷ | 室町
後期 | 戰國
初期 | 戰國
中期 | 戰國
後期 | 江戶
初期 |

❖ 不僅威力驚人
　操作簡易亦助長了它的普及

鐵炮於1543年傳入，由搭乘中國船漂流到種子島的葡萄牙人將鐵炮帶到日本。傳入的是火繩點火式的前膛槍，故名「火繩槍」，又因傳入地而稱作「種子島」。據說在1549年的黑川崎之戰，薩摩的島津氏首度將鐵炮投入實戰。

鐵炮迅速普及的背景，在於從事刀劍製造的刀匠等技術人員將其技術應用在鐵炮製造上。火藥是用硝石、硫磺和炭的粉末調合製成，子彈則是將融化的鉛倒入模型內鑄造而成。

鐵炮不僅威力驚人，而且不論技術和先天體力如何都能使用，這點是鐵炮有別於刀、弓的長處。連對武術一竅不通的足輕也能操作的優點，大幅助長了鐵炮的普及，據說1600年關原之戰時，東北大名伊達政宗軍的所有武器當中，鐵炮所占比例就超過50%。鐵炮傳入日本不到半個世紀就普及到北部地區的事實，如實反映出鐵炮的實用性。

當時的鐵炮最大射程為700m，有效射程距離在100m以內，在此距離可穿透厚3cm的木板，在50m以內甚至能貫穿甲冑。在這個距離，熟練的射擊手約八、九成的機率可命中目標。由於鐵炮在混戰時也能維持二、三成的命中率，使用厚鐵板製作，用來防禦鐵炮的當世具足（參見p.72）於是普及。

效果極佳的鐵炮其實也有弱點，即發射週期太長。每發射一次，到下次射擊的間隔約三十秒，熟練後最快也需間隔二十秒。為了彌補此一弱點，出現了鐵炮兵前後輪替射擊的戰法。

火繩槍 的機制	**使用火藥和機關的戰國時代最先進武器**
	提到戰國時代的鐵炮，相信大家最先想到的就是「火繩槍」。鐵炮改變了戰國時代的戰鬥方式，在擅長鑄鐵的日本刀匠手下，鐵炮成功量產。

火繩槍的各部位名稱

「目當」是照準器的名稱。以手托住筒，使用元目當和先目當來瞄準目標。

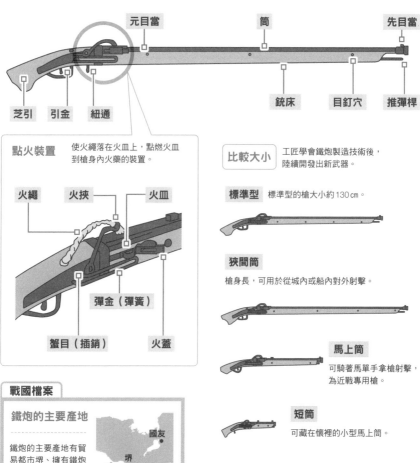

元目當　筒　先目當

芝引　引金　紐通　銃床　目釘穴　推彈桿

點火裝置

使火繩落在火皿上，點燃火皿到槍身內火藥的裝置。

火繩　火挾　火皿

彈金（彈簧）

蟹目（插銷）　火蓋

比較大小

工匠學會鐵炮製造技術後，陸續開發出新武器。

標準型　標準型的槍大小約130cm。

狹間筒

槍身長，可用於從城內或船內對外射擊。

馬上筒

可騎著馬單手拿槍射擊，為近戰專用槍。

短筒

可藏在懷裡的小型馬上筒。

大口徑銃

可分成抱槍射擊式和放在砲台式兩種。

戰國檔案

鐵炮的主要產地

鐵炮的主要產地有貿易都市堺、擁有鐵炮鍛造兼傭兵集團的雜賀、根來、國友等。

國友

堺

根來

雜賀

因為操作方式單純，影響力大增

火繩槍擁有能翻轉戰況的影響力。由於操作方式單純，連初學者也能有不錯的速度和命中率。當然操作愈熟練，精準度也會提昇。

射擊時的姿勢 | 基本上採站姿，將槍貼近臉頰射擊，或是採用其他安定的姿勢射擊。

單膝跪地

使槍貼近臉頰射擊。

站立

將槍舉至齊腰。

放在腰間

使用能幫助穩定瞄準的繩子。

發射方式

① 事先將火繩點火後，在銃口填裝上藥。
※ 上藥是指發射用的粒狀火藥。

② 從玉入取出一發子彈，裝入銃口。

③ 用推彈桿將火藥和子彈推到銃口深處，壓緊壓實。

④ 掀開火蓋，在火皿倒入口藥（容易著火的粉狀火藥）。

⑤ 蓋上火蓋，用火挾夾住點燃的火繩前端，鎖定目標後掀開火蓋。

火挾

火皿

⑥ 扣下扳機後插銷會退開，火挾所壓住的彈簧會彈回，火挾的前端往下掉。

⑦ 火繩掉到火皿上後，先是點燃口藥，接著點燃槍身內的上藥，然後就發射子彈。

**鐵炮足輕
的裝備**

鐵炮兵的隨身物品

比起其他武器，鐵炮因具有機關，隨身攜帶的道具也比較多。不過由於操作方式相當簡單，一旦學會操作就能得心應手。

必要道具

鐵炮火繩和火藥等鐵炮的裝備，碰到濕氣就會無法使用，所以操作時一定要仔細注意。

斜掛式早合

將早合斜掛在身上，
就能大量攜帶。

早合

將上藥和子彈以竹筒或紙筒封裝成套。可使上一頁的步驟1〜3同時進行，省略發射程序。

銃

攜帶時，連同預備的推彈桿
一起裝入袋內。

火繩

火繩濕掉就不能使用，需時
常攜帶備用品。

早合入胴亂

裝有早合的攜帶用
隨身包。

口藥罐

保存粉狀口藥的容器。

其他必要道具

火藥袋

保管火藥以免受潮的
用具。

打火道具

點燃火繩用的道具。

玉入

用來保管子彈。袋口
約一發子彈大小。

烏口

將前端插進玉入內，即
可取出一顆顆子彈。

戰國檔案

火藥是用糞便製成的？

製造黑色火藥的必備材料之一，是一種叫做「硝石」的物質。起初仰賴進口，之後漸漸使用令人意想不到的方法來生產。這個方法就是在人畜的糞便中加入雜草混合，再加入尿，然後倒入地上挖好的洞穴內不斷攪拌。過了五年，細菌就會分解阿摩尼亞，產生硝石，因此糞尿在這個時代可說是重要資源。

由鐵炮、弓矢和長槍組建的無敵編制

對應人物 ▷	大名	武士	足輕	傭兵	農民

對應時代 ▷	室町後期	戰國初期	戰國中期	戰國後期	江戶初期

❖ 威力十足的鐵炮和速射性佳的弓，兩者合作使戰鬥占上風

鐵炮傳入後不久，雖說是鐵炮組，充其量不過是幾十人的小規模軍隊。因此比起實際戰鬥力，大多是藉由鐵炮的發射聲達到威嚇目的。不過，隨著國產鐵炮快速的量產化，鐵炮在戰場上也成了重要戰力。在攻城戰中守備方使用鐵炮時，就會發揮相當大的威力。

以往的戰爭，通常會先互射鳴鏑（參見 p.16），接著從攻擊紊亂的陣形發展成全面的白刃戰。不久鐵炮隊也加入，開始進行射擊戰。

戰時的部隊乃是匯集弓組、槍組、騎馬武士組等必要兵種編制而成，稱作「備」。鐵炮組在備的前面散開，當戰爭開打後，便和弓組一起朝敵陣降下彈雨和箭雨。這裡有個問題，就

是填彈所需時間。鐵炮發射後，到下一次發射之間有很大的空檔。於是，為了在射擊後能夠馬上填彈，出現了射擊後馬上後退的戰法。

儘管威力驚人卻無法連射，就是鐵炮的缺點。這種時候，速射性佳的弓就顯得相當便利。在鐵炮隊填彈時，弓隊便不停朝敵陣射箭來爭取時間，然後由準備好的鐵炮隊發射下一槍。這就是常用的「兩矢懸」戰法。

鐵炮和弓各有優缺點（參見 p.60），藉由兩者同時運用，能夠截長補短。鐵炮和弓的聯合攻擊就這樣變成了戰國時代戰場的主流。

前線的布陣

弓矢和鐵炮在「備」隊中能彼此發揮威力

透過鐵炮、弓矢和長槍彼此截長補短，就能更有效地發揮威力，此即「備」隊。同屬於遠距離武器的鐵炮和弓矢能活用彼此的優點，進行戰鬥。

「備」之陣　到了戰國中期，鐵炮成為戰力核心，鐵炮組在「備」隊中被布陣在最前線。

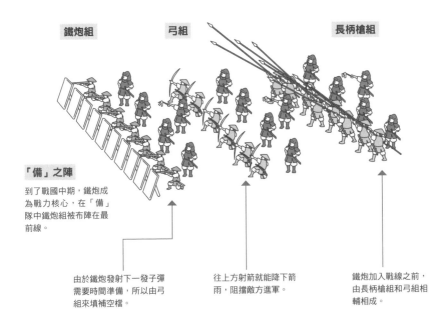

鐵炮組　　**弓組**　　**長柄槍組**

「備」之陣
到了戰國中期，鐵炮成為戰力核心，在「備」隊中鐵炮組被布陣在最前線。

由於鐵炮發射下一發子彈需要時間準備，所以由弓組來填補空檔。

往上方射箭就能降下箭雨，阻擋敵方進軍。

鐵炮加入戰線之前，由長柄槍組和弓組相輔相成。

兩矢懸
向敵方同時發射鐵炮和弓矢，待敵方無法動彈時，長柄槍組便衝向敵軍。

戰國檔案

車擊和三段擊

火繩槍在發射後會產生二十到三十秒的空檔。因此，藉由充填好彈藥者往前輪替的「車擊」以及射擊完者退到後方，與填彈完成者輪替的「三段射擊」戰術，使射擊更有效率。

靈活運用新舊武器
稱霸遠距戰

對應人物 ▷ | 大名 | **武士** | **足輕** | 備兵 | **農民** 　　對應時代 ▷ | 室町
後期 | 戰國
初期 | **戰國
中期** | **戰國
後期** | **江戶
初期**

❖ 鐵炮迅速普及的同時
仍有弓較有利的場面

　　光從實用面來看，總覺得鐵炮壓倒性地勝過弓。可是在鐵炮剛傳入的戰國時代，弓和鐵炮各自發揮所長，在戰場上都很活躍。

　　說起鐵炮的優點，一定會提到優異的射程和貫穿力。這個時代的鐵炮並不像現代一樣刻有能穩定彈道、延長射程的膛線（刻在砲身內的螺旋狀溝槽）。因為沒有摩擦阻力，所以速度相當快，當時木製的盾可以擋箭，卻承受不了槍彈。此外，鐵炮的轟響響遍戰場，不僅能削弱敵方的戰意，甚至能驚動馬匹，有效剝奪騎馬武士的機動力。

　　另一方面，弓的優點為可進行面狀攻擊。在戰爭初期階段，常會看到大量的箭沿著拋物線軌跡射來的光景，直線射擊的鐵炮就辦不到。和弓的優點之一是發射的週期較短，能進行連續攻擊。另外，由於沒有火藥味和射擊聲響，隱密性和靜音性佳也是弓不可忽視的優點。除了原本的用法外，亦具備像火矢和箭書等輔助性用途。

　　如前所述，弓和鐵炮各有所長，在歸納鐵炮急速普及的原因時，千萬不能忘記的一點就是操作容易性。

　　想要射箭射得更遠，需要相當的臂力和熟練度；換成鐵炮，不論是誰來射擊，都能達到一定程度的戰術效果。儘管鐵炮的彈道還不穩定，不過瞄準射擊接近的騎馬武士也沒問題。鐵炮能將普通的足輕變成士兵，一國之主豈有不採納的理由？就這樣，鐵炮在戰國之世迅速普及開來。

不同情境性能比較

兩者截長補短

雖然鐵炮在戰國時代飛躍性地普及，不過舊式遠程武器的弓矢並沒有被取代，而是採兩者相互輔助的形式。下面就來看這兩者的優點和缺點。

	弓矢	鐵炮
攻擊範圍	發射軌跡如同拋物線，可進行面狀壓制。	屬於一點集中型，貫穿力高。也可威嚇敵方。
音	發射聲音相當安靜，可進行射箭書等隱密行動。	可以利用槍響來削弱敵方戰意，讓馬退縮。
速度	從準備到發射的週期短，第一時間反應較快。	射擊準備較麻煩，子彈本身速度很快。

column 鐵炮需要避雨!?

鐵炮還有一個弓矢所沒有的缺點，那就是「怕淋雨」，因此便開發出僅讓鐵炮點火裝置部分防雨的方法。雖然簡陋，但姑且能解決問題。

戰國最強的戰爭兵器——大砲

戰爭的法則
其二十

對應人物 ▷ | 大名 | **武士** | **足輕** | **傭兵** | 農民

對應時代 ▷ | 室町後期 | 戰國初期 | **戰國中期** | **戰國後期** | **江戶初期**

❖ 擁有壓倒性破壞力
攻擊船和城效果絕倫

1576年，豐後國（現在的大分縣）的吉利支丹大名大友宗麟自葡萄牙商船購入了日本第一個大砲。該大砲是從砲身後方裝填砲彈和火藥的後裝式佛郎機砲，口徑約9.5㎝，砲身約2.8ｍ。宗麟將此大砲命名為「國崩」，在在證明了大砲的威力有多強大。

當時大砲以砲彈重量為基準，可分成三種：重量未滿100匁（375ｇ）的「大鐵炮（抱大筒）」、重量未滿1貫目（3750ｇ）的「大筒」和重量超過1貫目的「石火矢」。

大鐵炮物如其名，屬於大型鐵炮，可以想成將火繩槍的機制放大口徑後的成品。也有看法認為，大筒當中不用砲台、由射手直接射擊的大砲就是

大鐵炮。有時候也會像右圖一樣，將米袋當作砲台使用。

大友宗麟所入手的國崩屬於大型砲石火矢的一種。雖然破壞力強，不過大砲重量都很重，搬運不易，起初大多用於海戰或攻城，而非陸戰。

依照裝填砲彈和火藥的形式來分類，大砲除了有像國崩一樣的後裝式之外，還有從砲身前端裝填砲彈的前裝式。前裝式的砲身後尾密閉，發射時損耗較少，因此具有初速快、威力強的優點，但也具有裝填第二發相當耗時、清理砲身相當麻煩等缺點。西洋進口的大砲以後裝式為主流，而應用鐵炮製造技術所打造的初期國產大砲，採用的是重視威力的前裝式。

構造和
種類

因構造產生的優點和缺點

繼鐵炮之後，大砲在戰國時代從西洋傳入。起初受到輕視，隨著時代變遷，不光依賴進口，甚至也開始有了國產大砲。

大砲的構造

大砲根據裝填方式，可分成兩種構造。

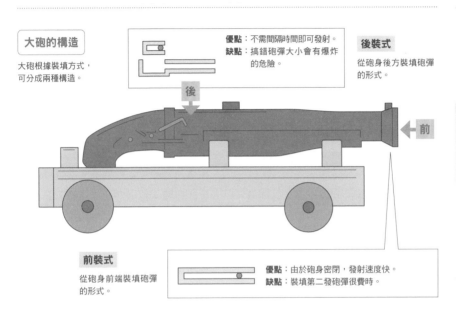

優點：不需間隔時間即可發射。
缺點：搞錯砲彈大小會有爆炸的危險。

後裝式
從砲身後方裝填砲彈的形式。

前裝式
從砲身前端裝填砲彈的形式。

優點：由於砲身密閉，發射速度快。
缺點：裝填第二發砲彈很費時。

大砲的種類

下面介紹戰場上實際使用的大砲。

大筒
放大版的鐵炮。分類方式如前所述，分成抱式和平放式。

和製大砲
石火矢的一種。文祿、慶長之役以後大量生產。為前裝式，威力十足，能破壞城牆等。

佛郎機砲
石火矢的一種。採後裝式裝填，先從砲身後方裝填砲彈，再固定在砲台上使用。

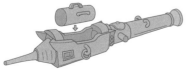

著名事件

攻陷堅不可摧的大坂城的大砲

1614年大坂冬之陣，德川軍難以攻陷有雙重護城河保護、堅不可摧的大坂城，於是派出大量的大砲。據說大砲完全不受護城河阻礙，便破壞了城牆和櫓，威懾全城，是促使豐臣方談和的原因之一。

流程和戰法

近戰武器

遠程武器

防具

馬

標記

不同場地的戰爭

被石頭砸死的士兵
比被刀殺死的還多!?

| 對應人物 ▷ | 大名 | 武士 | 足輕 | 傭兵 | 農民 | | 對應時代 ▷ | 室町後期 | 戰國初期 | 戰國中期 | 戰國後期 | 江戶初期 |

❖ 低成本、效果卓越
石頭竟是比刀優秀的武器!?

戰國時代使用的武器當中,最能造成敵方損害的是弓,其次是鐵炮。這兩種武器不僅能進行遠距攻擊,殺傷力也很高,的確合情合理。第三是長槍,看當時足輕槍組(參見p.38)在戰場活躍的表現,這個名次也可以理解。那麼刀的排名順位呢?其實刀排名第五,排名第四的竟是石頭。據說戰場上的傷兵,有一成是遭石頭擊傷的。

即便是石頭或碎石,直接擊中可會讓人吃不消。要是被擊中要害,甚至會造成致命傷,甚至失明。即使只有碰撞傷或裂傷程度,多少也會影響以後的戰鬥。這種不知何時會有強力武器飛過來的恐懼感,也能有效降低士兵的戰意。另外,站在使用方的角度來看,也有容易就近調度的優點。

單用手扔擲石頭當然也行,不過使用專用道具能丟得更遠,進行威力更強的攻擊。投彈帶(投石繩)就是擲石用的道具。用法如下:先將石頭放在投彈帶上,將繩子對折,用手指抓住繩子的兩端。然後按照投壘球的方法揮動手臂,在適當時機鬆開繩子的一端,就能利用離心力讓石頭飛向遠方。這時石頭的初速為時速80km,射程距離甚至可達50～60m左右。

只是,在日本戰國時代已經有使用石製子彈的「石槍」,擲石的形式早已過時,因此並沒有留下正式組織擲石兵、使用投彈帶等道具的紀錄。一般似乎都是用手扔擲,不像其他國家有開發專用道具。

擲石方法

單純卻相當便利的遠程武器

擲石的行為相當單純，其攻擊卻能造成失明、碰撞傷、裂傷等效果，不可小覷。這裡就來介紹世界各國的實戰擲石的方法。

投彈帶 為了能有效擲石的輔助道具。遍及全世界，可見其實用性之高。

為全長約130cm的繩索，
中央部分編織得較寬。

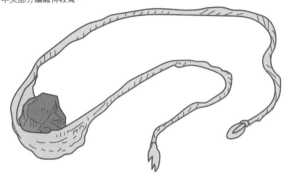

> **戰國檔案**
>
> ### 武田的投石隊
>
> 武田軍當中有編制由三百名負責擲石的足輕組成的「投石隊」。在1572年的三方原之戰，武田投石隊挑釁德川軍，成為邁向勝利的布局。

擲石的步驟 「擲石」只要利用離心力，就能大力擲出。擲石的進行步驟如下。

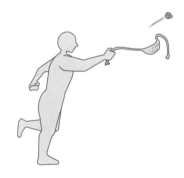

① 在中央較寬部分放入石頭，然後將投彈帶對折，握住兩端。

② 以手腕為中心，以朝自己的順時鐘方向旋轉投彈帶。

③ 速度變快後，就放開其中一端，將石頭扔向遠方。

65

使用火藥的高科技武器

對應人物 ▷	大名	武士	足輕	傭兵	農民

對應時代 ▷	室町後期	戰國初期	戰國中期	戰國後期	江戶初期

❖ 大砲、焙烙火矢、馬上筒 為戰國時代增色的各式新兵器

鐵炮的登場讓戰場的樣貌為之一變。說到火力，只要有些微戰力差距就能輕易顛覆戰局。隨著戰爭樣態改變，其他眾多新兵器也開始投入戰場。

「佛郎機砲」又名石火矢，是指從西洋進口的青銅製大砲（參見p.62）。其轟響和破壞力雖相當驚人，但火藥消費量多，也不適合攜帶，因此進口之初並不普及。在1592～1598年豐臣秀吉侵略朝鮮時，吃了朝鮮軍設置在船上的大砲的苦頭後，才對大砲的威力有新的認識。自此，日本開始推動國產大砲的生產。

「焙烙火矢」是將裝有火藥的容器扔向敵方，類似手榴彈的武器。由於形狀以球形居多，又名焙烙玉。這是將兩個料理用的無釉土鍋「焙烙」合起來，裡面裝入火藥所製成。除了火藥之外，在裡面塞入鉛彈或鐵片等也能提高殺傷力。點燃火藥後就會產生火焰，因此在使用木造船的戰國時代，目標放火燒敵船的海上戰也經常使用。驚人的爆炸聲也有動搖敵方的效果。

另外，槍身長、還得裝填彈藥的鐵炮當然不適合拿來騎馬射擊。「馬上筒」就是為克服這一點所開發的手槍型火繩槍。射程距離雖只有短短30ｍ，但因能單手射擊，作為護身用槍隨身攜帶已經足夠。因此在江戶時代，馬上筒變得更為普及。

就這樣，各式武器應運而生，戰國時代的戰爭樣態也隨著時代產生變化。

火器

火器是當時的最新武器

自1543年火繩槍傳入後，各式各樣的火器傳入日本或被開發出來，對日本戰爭的結構改革貢獻良多，影響力極大。下面就來看當中最有特色的三種火器。

佛郎機砲

由於射程短，並不普及，不過事先在船隻或城牆裝備此砲，打海戰或城郭戰時效果非常好。

優點：一發砲彈就能破壞石牆和櫓。
缺點：體積太大，搬運困難。

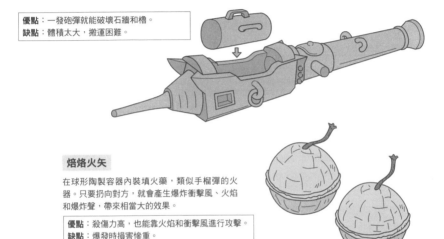

焙烙火矢

在球形陶製容器內裝填火藥，類似手榴彈的火器。只要扔向對方，就會產生爆炸衝擊風、火焰和爆炸聲，帶來相當大的效果。

優點：殺傷力高，也能靠火焰和衝擊風進行攻擊。
缺點：爆發時損害慘重。

馬上筒

短且輕巧，可隨身攜帶的單手射擊火繩槍。在1615年大坂夏之陣，也有留下實際使用過的紀錄。

優點：護身用，可隨身攜帶。
缺點：射程距離短，僅30m。

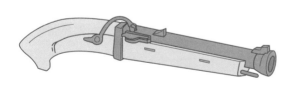

---

column　戰爭減少後，火藥被當成煙火

進入江戶時代，隨著戰爭的減少，火藥大多被當成煙火使用。1613年，德川家康也欣賞了煙火，其後煙火成了江戶人喜愛的季節風景。順帶一提，將焙烙火矢放在木製砲台發射的機制，和放煙火的原理幾乎相同。

兜不只重視防禦性，時尚造型也很重要

對應人物 ▷ 大名　武士　足輕　傭兵　農民　　對應時代 ▷ 室町後期　戰國初期　戰國中期　戰國後期　江戶初期

❖ 保護要害頭部的重要道具之一

自古以來，保護頭部的兜和鎧甲都是成套使用。初期大多受到周邊大陸國家的影響，隨著日本特有的大鎧（參見p.72）出現，也誕生了「星兜」、「筋兜」等日本獨特款式。

星兜是用鉚釘銜接固定複數片鐵板所製成，當時鉚釘被稱作「星」，因而得名。進入戰國時代後，星不僅小型化，數量也增加了。筋兜是銜接鐵板時，將鐵板的邊緣彎曲，突顯出像筋一樣的紋路而得名。因此筋兜的構造和星兜不同，看不見鉚釘。這兩種都屬於裝飾性重的兜，不過星和鐵板的筋狀邊緣也有緩和衝擊的效果。

到了當世具足（參見p.72）的時代，流行講究奇特設計的「變形兜」。過去製作兜的素材除了鐵以外，也會使用皮革，但後來幾乎都改成鐵製了。不過，隨著變形兜的流行，又開始使用容易加工的練革。

比起實用性，變形兜的用意是在戰場上比任何人還醒目。因此，自然有較多造型花俏的兜，除了在鉢體進行加工之外，也會使用特殊素材和設計製成的「立物」來展現個性。

立物是裝在鉢或眉庇上的裝飾品，可說是日本獨特的裝飾。這種裝飾品是為了展現武將的武威，平安時代就已出現。一般常見的形狀有「鍬形」、「天衝」和「半月」，其他還有各種五花八門的造型。到了戰國時代，立物也會搭配當世具足，採用鏡子、劍、扇子、動植物和鳥、扇子和屏風、釘與鋸、樂器等形形色色的設計來替武將的個性增添色彩。伊達政宗所戴的兜就是有名的例子，上面飾有彎月造型的大型立物。

兜的種類

不只重視防禦性，也重視裝飾性

頭部是人的要害之一，必須做好完善的防禦。雖然有各種形狀的兜，不過一般士兵最常用的是造型簡單的頭形兜。

兜的名稱 戰國時代的兜設計相當豐富。

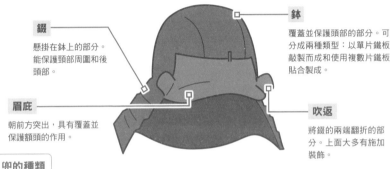

鉢

覆蓋並保護頭部的部分。可分成兩種類型：以單片鐵板敲製而成和使用複數片鐵板貼合製成。

錣

懸掛在鉢上的部分。能保護頸部周圍和後頭部。

眉庇

朝前方突出，具有覆蓋並保護額頭的作用。

吹返

將錣的兩端翻折的部分。上面大多有施加裝飾。

兜的種類

南蠻形兜

將鐵板在正中央貼合，使中央突出一條筋紋。

星兜

用鉚釘銜接鐵板製成的兜。自平安時代起開始使用。

頭型兜

戰國時代最多人使用。形狀貼合頭部，帶有圓弧。

突盔形兜

將筋兜簡化而成的兜。頭部較為尖銳。

筋兜

用來製鉢的鐵板銜接處呈筋一般的條紋狀。

有名武士的兜的造型 造型能讓人感受到總大將的威嚴。

本多忠勝

飾有雄偉鹿角並塗黑的兜。

伊達政宗

飾有大型彎月狀的前立。

黑田官兵衛

特徵是仿造木碗的獨特設計。

為提高防護力，
臉部也要遮起來

對應人物 ▷ **大名** **武士** **足輕** **傭兵** 農民　對應時代 ▷ 室町後期 | 戰國初期 | 戰國中期 | 戰國後期 | 江戶初期

❖ 光靠鎧兜還不夠
保護重要臉部的道具

　　臉部遭受攻擊會形成致命傷。即便沒有喪命，光是眼睛受傷，戰鬥力也會大幅下降。面具如同字面所示，是保護重要臉部的專用防具。

　　從室町時代開始使用的面具當中，有一種叫做「半首」的面具。以熟鐵製成、塗黑漆，採包圍額頭到臉頰的設計。當時描繪戰役的繪卷物當中也有出現半首，是最古老的面具。

　　可是半首離完全防備還很遠。隨著戰國時代出現當世具足（參見p.72），也開始製造搭配當世具足的面具，「半頰」就是其中的一種。半首是包圍臉的上半部，半頰則相反，採沿著臉頰到下顎包圍嘴巴的構造。作為當世具足附屬的小具足（鎧甲、兜、袖以外的防具），有各式各樣的

形狀，為了保護喉嚨，下方有可覆蓋頸部前方的「垂」也是半頰的特徵。

　　「惣面（總面）」物如其名，是用來保護整個臉部的面具，從半頰發展而來，同時也補上半首保護額頭的部分，堪稱究極面具，可以窺見受到西洋貿易所引進的南蠻兜的影響。這些面具都是使用鐵和練革等素材製成，最後上漆完工。「咽喉輪（喉輪）」和「曲輪」是用來彌補半首和半頰的小具足，能保護咽喉避免受到長槍或刀刺擊，咽喉輪可搭配半首，如同衣領般覆蓋頸部周圍的曲輪可搭配半頰一起使用，強化防禦。

　　另外，身分低的足輕一般都是使用僅保護額頭的「額當」。這種防具是將鐵板縫在鉢卷上，構造相當簡單。

**面具的
種類**

連臉部也能遮蓋的完全防禦

在當世具足登場以前，堪稱要害的臉部一直處在毫無防備的情況下。解決此一問題的裝備就是面具，又稱作面頰。雖然擋不了鐵炮，用來抵禦刀或弓矢造成的傷害卻相當有效。

面具的防禦性

藉由覆蓋整個臉部來提高防禦性。

半頰 防禦範圍：臉頰～下顎

室町時代以後，作為當事具足的附屬品而開始製作。有時會在顎下加裝喉嚨的防具。

惣面 防禦範圍：整個臉部

採用如同面具的形狀。有些會加上金牙或鬍鬚等裝飾，展現威嚇力。

半首 防禦範圍：額頭～臉頰

主要在室町時代以前使用，最早期的面具。

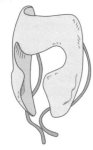

垂

咽喉輪

低 ← **防禦力** → 高

防護甲冑隙縫的巧思

雖然空隙的面積不像臉部這麼大，為了填補可能產生的空隙，出現了各式各樣的防具。

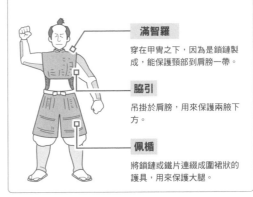

滿智羅

穿在甲冑之下，因為是鎖鏈製成，能保護頸部到肩膀一帶。

脇引

吊掛於肩膀，用來保護兩腋下方。

佩楯

將鎖鏈或鐵片連綴成圍裙狀的護具，用來保護大腿。

戰國檔案

影武者也幫了大忙！

戰國時代沒有照片，敵方只能依據傳聞的外貌和裝備來辨認人物。因此影武者作為保護大將的替身，只要戴上惣面遮住臉部就能輕易騙過敵人的眼睛。

費時兩千年，
甲冑終於具備實戰性能

對應人物 ▷	大名	武士	足輕	備兵	農民

對應時代 ▷	室町後期	戰國初期	戰國中期	戰國後期	江戶初期

❖ 防禦力高的當世具足
也兼具實用性和裝飾性

　　鎧甲（甲冑）早在彌生時代就開始使用了。其中，「組合式木甲」是考古學上最古老的鎧甲，而在古墳時代到平安時代中期，則是使用日本式「短甲」和亞洲大陸騎馬民族的「掛甲」。古墳時代的鎧甲，只要參考當時的埴輪就能清楚了解；而奈良時代的短甲和掛甲均無現存，只能透過文獻想像形狀。到了武士登場的平安時代，出現了一種叫做「大鎧」的鎧甲，可說是日本特有的鎧甲，適合騎馬和射箭。主要是武將和上級武士所穿戴，其後逐漸變得豪壯華麗，到了源平時代終於定型。

　　另一方面，一般的步兵則是使用適合徒步戰鬥的簡化鎧甲「胴丸」。另外也出現了將胴丸進一步簡化的「腹卷」和「腹當」。這在戰鬥形式從騎射戰轉變成白刃戰的戰國時代，是一種必然的趨勢。比起防禦力，徒步戰鬥的機動性更加重要。連上級武士也改穿它們並搭配兜和袖。

　　到了戰國時代末期，足輕槍隊和南蠻傳入的新兵器鐵炮變成戰場的主角，因應戰術的變化誕生出新的鎧甲——「當世具足」。「當世」是指「現在的」、「現代的」之意。由兜、胴丸（或腹卷）和袖等三種防具，加上附屬的頰當、咽喉輪、籠手、佩楯等小具足所構成。

　　當世具足的重量比大鎧輕約15kg，減少空隙以應付刀和長槍，適合白刃戰。沿用西洋甲冑的南蠻胴，其強度和設計能能承受鐵炮攻擊，在當時也很流行。士兵升任侍大將後，暫且不提實用性，為了讓自己更顯眼，大多會穿戴設計奇特的具足。

當世具足的各部位名稱

兼備多重防禦機能的鎧甲

在67頁已經解說過，為彌補甲冑的弱點，各個部位均進行補強。此外重量也減輕，能應對戰國時代重視速度的戰爭型態。

具足的結構

如下圖一樣全副武裝，就能達到完全防禦。

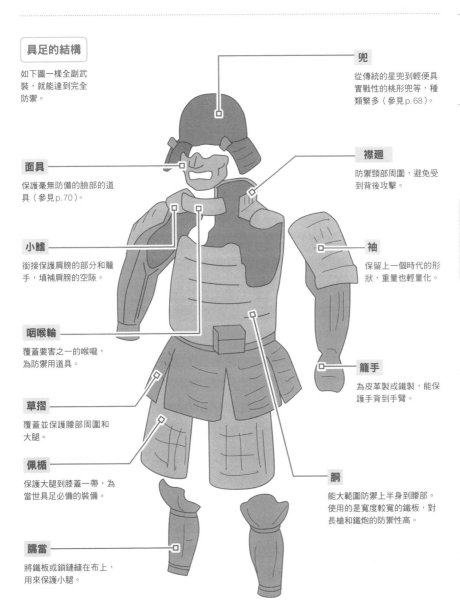

兜

從傳統的星兜到輕便具實戰性的桃形兜等，種類繁多（參見p.68）。

面具

保護毫無防備的臉部的道具（參見p.70）。

襟廻

防禦頸部周圍，避免受到背後攻擊。

小鰭

銜接保護肩膀的部分和籠手，填補肩膀的空隙。

袖

保留上一個時代的形狀，重量也輕量化。

咽喉輪

覆蓋要害之一的喉嚨，為防禦用道具。

籠手

為皮革製或鐵製，能保護手背到手臂。

草摺

覆蓋並保護腰部周圍和大腿。

佩楯

保護大腿到膝蓋一帶，為當世具足必備的裝備。

胴

能大範圍防禦上半身到腰部。使用的是寬度較寬的鐵板，對長槍和鐵炮的防禦性高。

臑當

將鐵板或鎖鏈縫在布上，用來保護小腿。

甲冑也能客製化

當世具足的特徵充分表現在胴的形狀上,可隨使用者的喜好來組合材料和形式,如果重視裝飾性,也可以訂製徹頭徹尾個性化的具足。

胴的形狀

使用帶有厚度且寬度較寬的鐵板來提高防禦力。

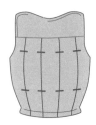

桶側胴

最基本也最常使用的胴。藉由將鐵板縱向銜接的方式,不但重量較輕,防禦力也很高。

佛胴

表面相當光滑,看起來就像用單片鐵板打造而成的款式。實際上接縫經過加工處理,看不出接縫,使用左腋的鉸鏈來操作開闔。

疊胴

用鎖鏈連綴長方形金屬板所構成。銜接部分可隨意活動,可折疊攜帶。

南蠻胴

仿照堅固的西洋甲冑製成。採用前胴的中心向上突起形成鎬狀構造,可躲開子彈和槍尖攻擊。

不同身分的裝備差異

身分愈低,花在裝備上的金錢愈少,造型自然比較簡單。

足輕

身穿構造簡易的具足,諸如要害等處的防禦大多不夠完善。

武士

雖會依照身分高低而有不同,基本上防守牢固。

大將

穿戴變形兜和陣羽織,以醒目的打扮指揮軍隊。

戰國檔案

甲冑是「戰場上的盛裝」

甲冑在現代亦作為美術品留傳下來,不僅實用性,連藝術性也受到重視。或許是因為甲冑也是在沙場拼死奮戰時所穿的「盛裝」吧。

甲胄的變遷

甲胄會因應時代變遷而進化

到了戰國時代，出現了更實用的當世具足。看著隨時代變遷的甲胄，可以發現甲胄一直在因應戰爭的型態演變。

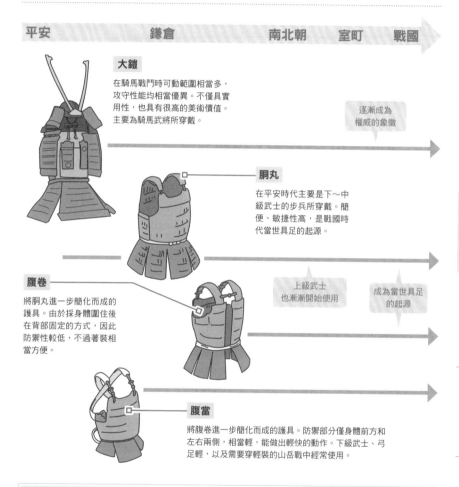

平安　　　　鎌倉　　　　南北朝　室町　戰國

大鎧
在騎馬戰鬥時可動範圍相當多，攻守性能均相當優異。不僅具實用性，也具有很高的美術價值。主要為騎馬武將所穿戴。

逐漸成為權威的象徵

胴丸
在平安時代主要是下～中級武士的步兵所穿戴。簡便、敏捷性高，是戰國時代當世具足的起源。

腹卷
將胴丸進一步簡化而成的護具。由於採身體圍住後在背部固定的方式，因此防禦性較低，不過著裝相當方便。

上級武士也漸漸開始使用

成為當世具足的起源

腹當
將腹卷進一步簡化而成的護具。防禦部分僅身體前方和左右兩側，相當輕，能做出輕快的動作。下級武士、弓足輕，以及需要穿輕裝的山岳戰中經常使用。

---

column 武田、真田、井伊的「赤備」

武器防具以紅色統一的「赤備」，成了武田家的代名詞。這個裝備日後由曾是武田氏的家臣真田家，以及接收武田氏滅亡後的家臣、德川旗下的井伊家所繼承，在關原之戰演變成赤備軍與赤備軍的對立。

用盾能抵擋弓矢和鐵炮嗎？

對應人物 ▷	大名	武士	足輕	傭兵	農民	對應時代 ▷	室町後期	戰國初期	戰國中期	戰國後期	江戶初期

❖ 抵擋射過來的箭彈！
盾是傳統的防具

自古以來就有使用盾來抵禦刀槍攻擊的習慣。當初是以木板背面裝有握柄的「手楯」為主流。

然而進入中世後，開始用雙手操作刀和長槍，再加上鎧甲的防禦機能也很發達，在戰場上幾乎看不到手持型的盾。取而代之成為主流的，就是固定於地面型的大型盾「搔楯」。

搔楯是用兩張直立的厚木板並排，銜接成寬50 cm、高約150 cm的盾，用撐木（支架）作為腳架立於地面使用。這時盾的寬度以身體寬度為基準，高度與眼睛同高。此外，盾的表面通常會繪有家紋。

搔楯在戰場上的基本用法是以三張一組並排，為製造空檔來進行攻擊，有時也會採取前後錯開的配置，而非橫向並排。這種陣形稱作「雌鳥羽」。

談到戰國時代，絕不能漏掉鐵炮的傳入。以往的搔楯擅長抵禦箭，卻無法抵擋西洋傳入的新兵器，於是發明了「竹束」（參見p.104）。

由於當時的鐵炮（火繩槍）槍身並沒有刻上膛線，因此力道不足以貫穿捆綁成束的竹子。此外，竹束的形狀略帶圓弧，其目的不是用來承受子彈，而是將子彈彈開。為了更有效運用竹束，於是因應子彈的入射角，將竹束的設置角度調整為斜銳角。竹束可分成以放置地面為前提的大型竹束，和手持型的小型竹束。

盾的使用方法

隨著遠程武器普及而進化的盾

盾可分成兩種：與人的視線幾乎同高的「搔楯」和小型的「手楯」。起初僅用來抵擋弓矢，尚無任何問題；隨著鐵炮的普及，防禦性提昇的「竹束」就成了必需品。

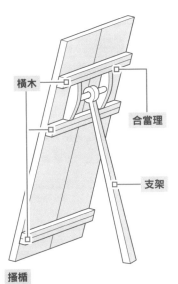

横木

合當理

支架

搔楯

高度和寬度分別以人的視線和身體寬度為基準。躲在搔楯的背後雖可抵禦鐵炮的子彈貫穿。到了江戶時代，為方便發射鐵炮，加裝了可開闔的窗戶。

手楯

尺寸小，可單手持盾。大小約寬40cm×高50～60cm。

竹束

用繩子將竹子綁成束所製成的盾。可避免身體受到鐵炮的槍彈攻擊。在攻城或是避免身體遭到對方的槍彈攻擊之際經常使用。

移動時…

將支架的木棒扛在肩上搬運。

可握住支架的木棒，一邊防禦前方，一邊前進。

戰國檔案

日本的盾屬於小眾嗎？

日本的盾誕生於彌生時代，在平安時代定型，之後一直到幕末都沒有太大的變化。由於誕生在平安時代的大鎧防禦性也很優異，因此盾也鮮少作為個人使用。

殺敵時應瞄準的要害

對應人物 ▷	大名	武士	足輕	傭兵	農民

對應時代 ▷	室町後期	戰國初期	戰國中期	戰國後期	江戶初期

❖ 具足兵之間的白刃戰 瞄準對方具足的隙縫刺擊！

隨著戰爭的樣態從過去蔚為主流的騎射戰轉變成白刃戰，身上穿的甲冑也隨之改變。這時登場的就是當世具足（參見p.72）。

以鎧兜為首的防具是為何而誕生呢？當然是為了保護身體，特別是遭到攻擊就會致命的人體要害，且會因應每個時期的戰鬥型態而發展。既然如此，與身穿白刃戰專用當世具足的敵方對峙時，豈不是無法攻擊對方的要害？不，當然可以。

儘管當世具足屬於完全防禦，還是有弱點。既然是戰鬥服，在戰鬥時千萬不能拖身穿戰鬥服者的後腿，因此白刃戰專用當世具足為了方便活動，設計了很多可動的部分。這在對方看來正好是個破綻。

具足的零件細分化會造成交界處產生空隙，形成弱點。誕生於戰國時代的「介者劍法」（參見p.80），就是為避免被對方攻擊弱點所研發出的劍術。

此外，有一種武器很適合用來對付當世具足，那就是長柄武器（參見p.34）。以長槍為代表的長柄武器是白刃戰專用武器，優點是可從比刀劍還遠的距離進行攻擊。「長卷」和「薙刀」等也是一樣。手持長柄武器的人，會採用遠距離刺擊當世具足弱點的戰鬥方式。只要活用距離，就能用長卷或薙刀往敵人腳下掃過去，或是趁敵人露出破綻時砍傷大腿。使用「薙鎌」可挑開兜鍬砍下首級或是砍傷腋下，這種戰法能夠針對敵人的破綻攻擊。

具足的弱點

如何瞄準甲冑的空隙，給敵人致命一擊？

當世具足雖屬於完全武裝，不過一般士兵沒有錢花在裝備，當然無法防禦所有要害。具足的空隙、臉部、血管集中的部位……在戰場上如何有效率地讓敵方受到致命傷很重要。

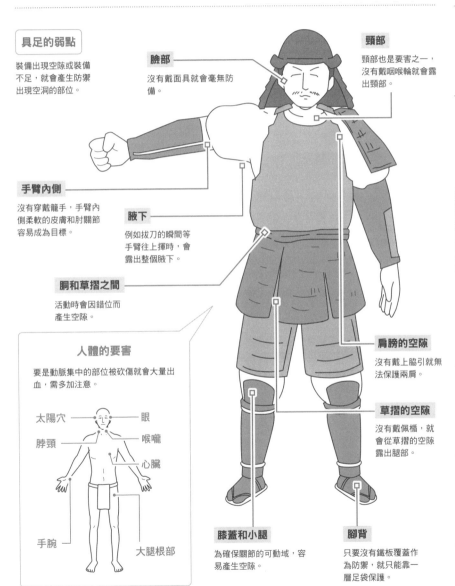

具足的弱點

裝備出現空隙或裝備不足，就會產生防禦出現空洞的部位。

頸部
頸部也是要害之一，沒有戴咽喉輪就會露出頸部。

臉部
沒有戴面具就會毫無防備。

手臂內側
沒有穿戴籠手，手臂內側柔軟的皮膚和肘關節容易成為目標。

腋下
例如拔刀的瞬間等手臂往上揮時，會露出整個腋下。

胴和草摺之間
活動時會因錯位而產生空隙。

肩膀的空隙
沒有戴上脇引就無法保護兩肩。

草摺的空隙
沒有戴佩楯，就會從草摺的空隙露出腿部。

人體的要害

要是動脈集中的部位被砍傷就會大量出血，需多加注意。

- 太陽穴
- 眼
- 脖頸
- 喉嚨
- 心臟
- 手腕
- 大腿根部

膝蓋和小腿
為確保關節的可動域，容易產生空隙。

腳背
只要沒有鐵板覆蓋作為防禦，就只能靠一層足袋保護。

如何擊敗防備完善的對手

對應人物 ▷ | 大名 | 武士 | 足輕 | 備兵 | 農民

對應時代 ▷ | 室町後期 | 戰國初期 | 戰國中期 | 戰國後期 | 江戶初期

❖ 為攻略身穿甲冑的敵人 創造出多樣化的戰法

當世具足（參見 p.72）是以完全防禦為目的，穿上後具有高防禦力和機動性。對敵方而言也同樣。因此，攻略當世具足就需要相應的經驗。

以穿上鎧甲戰鬥為前提的劍術，稱作「介者劍法」。基本形式如下：重心放低，避免腿部遭到襲擊；拉低眉庇（參見 p.69）抬眼看，避免眼睛遭到刺擊。以這個姿勢慎重接近對方，就能瞄準具足的空隙到人體各大要害，使出攻擊。

如果能夠瞬間擊倒對手自然是再好不過，不過敵人也會瞄準同樣的地方逼近，因此最後大多會演變成肉搏。進行柔道比賽時，光著身體會格外難施展招式。站在攻擊方角度來看，柔道服可成為施展招式的施力點，鎧兜也是一樣。

突起物和各具足的邊端和銜接處，都能成為抓住對方、施展肉搏戰的施力點。一旦進入肉搏後立刻將對方翻過身，用腰刀刺進其下腹部，不讓對方有反擊的機會。這麼一來，接下來只要按倒對方，取其首級即可。

也有人使用具足創造出獨門兵法。侍奉筑前黑田家的野口一成原是在道場上只會刺擊的青澀劍士，日後卻在戰場立下無數的戰功。他用強韌的鐵製籠手（參見 p.72）接下對方的刀，憑藉以劍尖刺進對方具足隙縫的劍法在戰場上存活下來。

前面已經介紹過長柄武器的有效攻擊法（參見 p.78），對長槍或薙刀技術有自信的人，可藉此制伏身著武裝的敵人。「鐵碎棒」雖是單純的武器，卻能隔著鎧甲給予對方重大一擊，因此也很常使用。

攻擊身穿
甲冑對手
的方法

獲得勝利的必要戰法

身穿甲冑在戰場奮戰可說是以命搏命，運用固有的戰鬥方式和武器，設法擊倒對方。為了獲勝，戰法不只有正面進攻。

介者劍法 在敵我都身穿甲冑時相當有效的劍法。

實戰性戰法 使用籠手擋刀的戰法。

斜著持刀。

抬眼盯著對方看，以免被刺傷眼睛。

以左手的籠手擋下刀，趁機鑽入對方懷中，刺擊要害。

雙腳張開，將重心放低，跳著步行。

POINT
長柄武器對付身穿甲冑的對手相當有利！

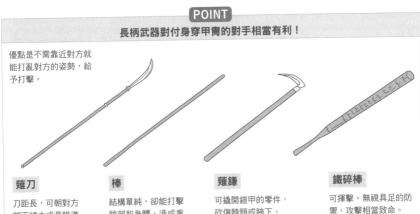

優點是不需靠近對方就能打亂對方的姿勢，給予打擊。

薙刀
刀距長，可朝對方腳下掃去或是瞄準大腿攻擊。

棒
結構單純，卻能打擊臉部和身體，造成重大傷害。

薙鎌
可撬開鎧甲的零件，砍傷脖頸或腋下。

鐵碎棒
可揮擊。無視具足的防禦，攻擊相當致命。

有錢才能當騎馬武士

| 對應人物 ▷ | 大名 | 武士 | 足輕 | 傭兵 | 農民 | 對應時代 ▷ | 室町
後期 | 戰國
初期 | 戰國
中期 | 戰國
後期 | 江戶
初期 |

❖ 橫掃敵軍的騎馬武士
曾是戰場上的耀眼明星

時代劇或電影中描寫戰役場景時，鏡頭總是會特寫騎馬武士。原因自不用說，因為騎馬武士「很上鏡」。可是實際情況又是如何呢？其實進入戰國時代後，騎馬武士活躍的場合大減，戰場的主角由步兵取而代之。

儘管如此，騎馬武士仍舊有其特殊性。騎馬武士是必須領有知行200石以上，具有相當經濟力才能擔任的名譽職位。只是基準似乎會因地而異，例如甲斐武田家以知行105石以上，西國則以500石以上為基準。

騎馬武士通常不會隻身上戰場，身邊都會有照顧馬匹的口取、槍持、侍從者及荷物持等侍從隨侍，當中只有侍從者和槍持是戰鬥人員。另外，更有錢的人還會攜帶備用的馬。

前面提到過，當時戰場的主角已經轉變成足輕了，不過機動力和突破力優異的騎馬武士仍舊是在潰散的敵陣中殺出一條血路的重要兵種。騎馬武士拿著主要武器長槍深入敵陣，展開近戰。以長槍攻擊個人時基本都是採取刺擊，混戰之際以橫掃、揮槍等方式效果最好。騎馬進行上述攻擊時，使用長槍會相當不便，因此騎馬武士拿的長槍長度較短，約3～4m。另外值得一提的是，由於馬能夠承受甲冑的重量，因此騎馬武士可以裝備比步兵還重的重裝備。

戰場上使用的馬體型嬌小，約4尺（120～130cm）高，脾氣暴躁。除了軍馬之外，馬在農耕及運輸上也扮演相當重要的角色。因此戰國大名都相當重視馬，致力於在領內定期舉辦馬市。

裝備和馬的體型大小

騎馬武士身穿重裝備移動

騎馬武士是戰場上的明星，行軍時也一定會攜帶數名隨侍，這樣才能分散裝備的重量，減輕馬匹和騎馬武士的負擔，穩定行軍。

騎馬武士的裝備

騎馬武士需要人員隨行。

騎馬武士

騎著全副武裝的馬，以長槍為主要武器，在馬上制伏敵人。

荷物持

負責搬運騎馬武士所需的用品。

槍持

負責拿騎馬武士所使用的長槍。

馬丁

負責照顧馬的人員。行軍時會拉著馬轡來控制馬。

侍從者

跟隨在騎馬武士身旁輔助的武士。

比較體型大小

當時的馬體型比現代的純種馬來的小，不過當時的人平均身高比現代人矮，騎乘上沒問題。

現代的馬
180cm

當時的馬
120～
130cm

當時的人
150cm

現代人
170cm

戰國檔案

關於馬丁

馬丁肩負保管主人馬匹的重要任務，隨身攜帶的裝備比一般足輕更多樣化。像是餵馬喝水的木杓、當馬激動時插進鼻子讓馬冷靜下來的木棒等，可說是相當吃重的任務。

騎馬武士與步兵的肉搏戰法則

對應人物 ▷　大名　**武士**　足輕　傭兵　農民　　　對應時代 ▷　室町後期　**戰國初期**　**戰國中期**　**戰國後期**　江戶初期

❖ 讓自己居於有利的姿勢 剝奪對方戰鬥力是關鍵

戰國時代以前，採用由機動力優異的騎馬武士發動突擊的戰法。可是，以足輕槍組（參見p.38）為主的戰法成為主流後，騎馬武士的登場機會相對減少了。騎馬武士的突破力再怎麼強，想要突破密集的槍林也絕非易事，甚至會落得落馬遭刺的下場。

話雖如此，騎馬戰鬥也不是派不上用場。根據戰鬥的局面，騎馬武士之間有時也會瞄準對方的首級進行肉搏。馬上肉搏戰是屬於自古以來一對一單挑的流派，需要相當的技術。

在騎馬武士彼此錯身時，先坐穩在馬鞍上，接著用手抓住敵人離自己這一側的肩膀或腰部，使對方轉過身。這麼一來，敵人的身體自然會離開馬，接著將對方強拉過來使之仰躺在

自己的馬鞍上，立刻砍下其首級。

如果進展不順，雙方都落馬的話，就得馬上確保自己處在有利的位置，並搶先拔出腰刀，朝甲冑的空隙刺擊三次，使對方喪失戰鬥力，這點非常重要。

另一方面，戰役的主角步兵所進行的徒步戰鬥也有訣竅。為避免受到致命傷，鎧甲變得相當發達，能夠保護要害。若身上完全裝備戰國時代的當世具足（參見p.72），由於每個零件作工都相當堅固且毫無空隙，只靠雕蟲小技是對付不來的。這時可以抓住對方的兜或鎧甲上的突起部分，藉由扭轉或是翻轉對方身體取得有利的姿勢。將對方按倒在地，立刻拔出腰刀刺進其下腹部，使之喪失戰鬥力。

砍下對方首級或是已取得敵人首級的瞬間，大多會有其他武士揮刀砍過來。須多加注意，避免露出破綻。

肉搏戰的打法

各種肉搏戰的打法

前面已經介紹過，戰國時代戰鬥型態產生變化，從馬上戰轉變成徒步戰。下面就具體來看這兩種肉搏戰究竟有何不同。

馬上肉搏戰

趁雙方錯身時將對方拉過來，取其首級。

① 坐穩馬鞍，踩穩馬鐙。

② 雙方錯身時，用手抓住敵人的右肩或腰部，使對方轉過半身，身體騰空。

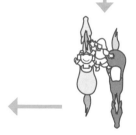

③ 握住並扭轉敵人的右腕，抓住其後頸或鎧甲的袖，將敵人拉過來。

④ 將離開馬匹的敵人按壓在自己的馬鞍上，取其首級。

⑤ 如果雙方都落馬，就直接進行肉搏戰，奪取對方首級。

徒步肉搏戰

抓住甲冑，將對方按倒在地。

① 抓住敵人甲冑的突起或兜，扭轉對方的身體，打造對自己有利的姿勢。

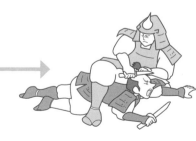

② 用刀刺擊對方剝奪其戰鬥力，然後按倒對方。拿下對方的兜拉出脖子，砍下首級。

軍馬穿戴與人類相當的重裝備上戰場

對應人物 ▷ 大名　武士　足輕　備兵　農民　　對應時代 ▷ 室町後期　戰國初期　戰國中期　戰國後期　江戶初期

❖ 駕馭馬的道具和保護身體的裝備

戰國時代，騎馬上戰場是地位高的人的特權，畢竟得有經濟能力僱用馬丁和槍持。另一方面，跟隨騎馬武士的馬丁必須攜帶各式各樣的馬具。

說起馬具，就會馬上想到「鞍」和「韁繩」。「轡」用於操控韁繩，「面繫」用來將轡固定在馬嘴上，「鐙」則是供騎馬者踏腳。除了上述之外，還會再加上一般人不太熟悉、垂覆在馬腹兩側的「泥障」。這些就是流傳至今的基本馬具。另一方面，在馬蹄鐵還沒出現的時代，還有一種特殊馬具，就是保護馬蹄的「馬草鞋」。

截至中世為止，騎馬射箭一直是騎馬武士的基本戰鬥型態，不過到了戰國時代，騎馬武士也開始手持長槍和太刀闖入敵陣。隨著戰鬥方式的變化，開始需要保護馬的身體不受敵人攻擊的武裝，於是出現了「馬鎧」和「馬面」。

在戰爭中，馬的前腿上半部或是後腿根部隆起處常會中箭。另外，對馬而言尾巴根部也是要害。只要拍打這個部位，馬就會用後腳站起來，造成落馬，因此馬鎧能有效防禦這幾處的攻擊。

另外，馬面是用來保護另一個要害——鼻面。馬的負擔非常重，既得穿上沉重的鎧甲，還得載著武士，為減輕馬的負擔，因此馬面使用皮革和薄鐵製成。到了16世紀的尾聲，基本上是採馬面、前甲（頸部和胸部）和後甲（背和臀部）分開裝備。

據說織田信長頭戴紅筋頭巾，騎著裝備金色馬鎧的黑鹿毛馬，初次上陣就告捷。也有人基於炫耀軍容的目的使用馬鎧，而非本來的防具用途。

馬具的種類

彌補馬弱點的裝備

其實騎馬武士的弱點就在「馬」身上。俗話說「射人先射馬」，馬在戰場上不僅相當顯眼，也容易被當成目標。而馬的裝備就是用來彌補上述弱點的。

流程和戰法

近戰武器

遠程武器

防具

馬

標記

不同場地的戰爭

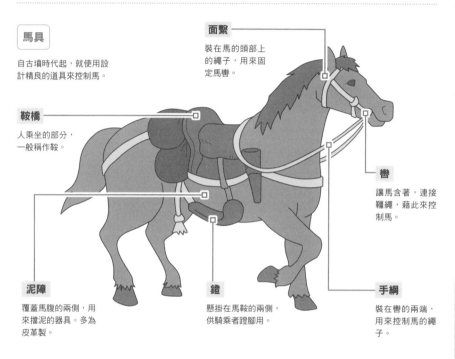

馬具

自古墳時代起，就使用設計精良的道具來控制馬。

面繋

裝在馬的頭部上的繩子，用來固定馬銜。

鞍橋

人乘坐的部分，一般稱作鞍。

銜

讓馬含著，連接韁繩，藉此來控制馬。

泥障

覆蓋馬腹的兩側，用來擋泥的器具。多為皮革製。

鐙

懸掛在馬鞍的兩側，供騎乘者蹬腳用。

手綱

裝在銜的兩端，用來控制馬的繩子。

馬鎧

和人類的裝備一樣覆蓋全身，防護馬的全身上下。

馬鎧

在麻布加入鐵板或皮革，可提高防禦性的鎧甲。覆蓋馬的整個身體。

馬面

保護要害之一的鼻子。仿照龍的臉部造型，也帶有威嚇作用。

戰國檔案

戰國大名所愛的名駒

健壯的馬匹也是大名的地位象徵之一。因此，諸如武田信玄的黑雲、上杉謙信的放生月毛、本多忠勝的三國黑等，都是名留至今的名駒。

想知道大將的位置
就找「馬印」和「旗印」！

對應人物 ▷ 大名 武士 足輕 傭兵 農民　對應時代 ▷ 室町後期 戰國初期 戰國中期 戰國後期 江戶初期

❖ 從遠處看也能一目了然
指揮官在戰場上的標記

在戰場上辨別指揮官級武將最簡單的方法，就是尋找「馬印」。總大將會根據各前線指揮官的馬印位置來確認其動向和戰況變化，採取下一步策略。各指揮官奔馳於戰場時，也會將總大將馬印所在的本陣位置謹記在心。

只有侍大將以上的武士才能獲准持有馬印。在戰國時代，擁有馬印這件事本身就是一種地位象徵。此外還有專門保管馬印的職位「馬印持」，正因馬印是象徵每個武將的重要旗印，其責任也相當重大。

其實，馬印是在戰國時代才出現的，在這之前都是使用縱長形的旗幟，稱作旗印。可是在戰國時代，隨著戰爭規模逐漸擴大，個人開始使用旗幟，使得戰場上旗幟林立。原本是為了辨認指揮官位置才使用的旗幟已變得毫無意義，因此才開始改用形狀與旗幟不同的馬印。

隨著時代變遷，為了讓人從遠處看也能看清楚，愈來愈多人使用花俏且講究設計的馬印。這也連帶成了軍團的特色。

舉例來說，武田信玄的著名旗印「風林火山旗」，是引用了古代中國兵書《孫子》中「疾如風，徐如林，侵掠如火，不動如山（進退迅疾如風，行軍徐行如樹林，侵掠如熊熊烈火，防守不動如山）」這段話。豐臣秀吉使用倒插的金色葫蘆為馬印，是源自秀吉攻陷稻葉山城時高舉的千成葫蘆。

在大將獨具特色的旗幟下，士兵們也能團結一心，努力奮戰。

兩種標記

匠心獨具的設計，從遠處看也很醒目

在雜亂無章的戰場上，事先掌握己軍指揮官的位置是進行合作的關鍵。具體來說，究竟要如何突顯這兩種標記呢？下面我們就來仔細瞧瞧。

流程和戰法

近戰武器

遠程武器

防具

馬

馬印的拿法　士兵手持馬印，隨侍在騎馬的指揮官身旁。

負責舉馬印的「馬印侍」絕不能摔倒，讓馬印落地。

POINT

兩種標記的差異在於⋯

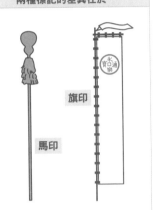

旗印

馬印

旗印為戰國時代前普遍使用的標記，是將長棒穿過旗幟；馬印則是在戰國後期衍生的標記，比較之後會發現馬印的形狀比較顯眼。

有名的戰國大名標記　使用各式各樣的個性化文字和形狀。

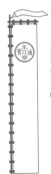

織田信長的旗印

使用明朝（十四～十七世紀的中國王朝）貨幣「永樂通寶」的圖案。

武田信玄的旗印

上面刻有引用自《孫子兵法》的名句（也有說法認為這是後世虛構的）。

疾如風　徐如林　不動如山　侵掠如火

石田三成的馬印

在竹竿前端的圓環垂掛著紅色四手（注連繩上掛著的紙）。

豐臣秀吉的馬印

前端飾有倒插的金色葫蘆。每打贏一場戰爭，葫蘆的數量就會增加。

標記

不同場地的戰爭

在戰場上
彰顯自我的必備物品

對應人物 ▷	大名	武士	足輕	傭兵	農民

對應時代 ▷	室町後期	戰國初期	戰國中期	戰國後期	江戶初期

❖ 個人旗幟能區分敵我
是戰場上突顯自我的必需品

除了代表指揮官和部隊的馬印和旗印外，也有識別個人用的小旗，稱為「差物」，或是稱作「旗指物」、「指物」。

士兵將旗幟穿過具足背部的金屬零件「合當理」和「受筒」，分別固定於旗桿的上方和下方，並將旗桿末端插入名叫「待受」的固定零件固定好。如果具足上沒有這些固定零件，也有人會將小型差物插在腰帶上。

差物根據固定旗桿的方法，大致可分成「乳付旗」和「縫含旗」兩種。另外，形狀以「四方（正方形）」和「四半（正方形的1.5倍大的長方形）」這兩種為主流。

使旗桿穿過旗布的旗環，稱作「乳」。乳付旗就是附旗環的差物，用作軍用旗幟時的標準尺寸為1丈2尺（約3.6m），也有個人插在具足上的小型旗幟。乳的特徵是數量取自十二支和五行，分別為縱排12，橫排5。縫含旗則是穿過旗桿的部分採縫管，相當堅固牢靠，也漸漸成為主流。

設計方面，可分成家門統一的共同版本，以及個人擁有的「個人指物」。設計統一的旗指物，包括負責將總大將的命令傳達到各部隊的「使番」和形同親衛隊的「馬廻眾」所使用的旗幟等。隨侍大將身旁的使番「母衣眾」插在背後的母衣，就是代表例之一。

個人指物雖然是由個人自己設計，但得獲得上級許可才行。當中蘊含著追求功名的士兵想在戰場上突顯自己的意義，因此設計大多相當講究，不過設計逐漸走火入魔，出現了不少奇怪的設計，也有老將為此感到煩惱。

差物的種類和裝備方法

在戰場上作為醒目的個人標誌受到重用

差物有別於馬印和旗印，是表現一般士兵個性的標誌。這種旗幟在喧囂的戰場上隨風飄揚，有助於識別個人。

基本的差物	基本旗幟形狀有兩種。

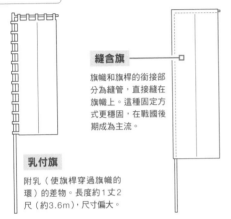

縫合旗

旗幟和旗桿的銜接部分為縫管，直接縫在旗幟上。這種固定方式更穩固，在戰國後期成為主流。

乳付旗

附乳（使旗桿穿過旗幟的環）的差物。長度約1丈2尺（約3.6m），尺寸偏大。

基本插法

以裝在背部的金屬器具來固定旗幟。

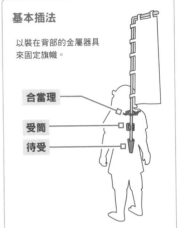

合當理

受筒

待受

各式各樣個性獨具的差物	有的士兵為了在戰場上更醒目，設計出了個性化的差物。

扇子

釣鐘

將棋

三階笠

戰國檔案

榮譽的母衣眾

母衣是指騎馬武士背在背上的大布袋，是唯一有被任命為使者的人才能佩戴的特別裝備，因此會事先寫上自己的名字。即便被殺死了，首級也會用母衣包起來，被當成「有名字的武士」，名譽受到重視。

避免不慎自相殘殺！
靠標記區分敵我

❖ 為了區分敵我
須佩戴可識別個人的袖印

進入大軍與大軍在戰場上交鋒的戰國時代，在混戰之中很難區分敵我。在這種情況下，最糟糕的就是自己人打自己人。為避免上述情況發生，每個士兵都會在身上配戴各種標記，藉此區分敵我。

當中最常用的就是「袖印」。主要使用布為素材，在鎧甲的袖上佩戴己軍共通的印記。此外，在戰場上一定會將同樣的印記綁在自己的弓的一端，或是纏繞在刀鞘上當作「刀印」。此時會根據纏繞的方式來區別，像是左纏或右纏、纏在哪些地方等。另外，也有將同樣的印記插在斗笠上的方式，稱作「笠印」。不過包括袖印在內，這類識別用印記的統稱也是「笠印」。

有時也會在腰後方及腰帶之間插上識別用的小旗子，稱為「腰差」。腰差和袖印一樣，也被統稱為笠印。

在戰場使用武器時，如果是右撇子，身體左側面大多會往前突出。因此，識別用的袖印通常也會佩戴在左側的袖上。這同時也表示敵方會看到袖印，在混戰中常會被撕掉。在這種情況下，也可以使用暗語來代替袖印表示身分。可是在搏命奮戰的當下，要想到並說出暗語並不容易。沒能瞬間想出暗語就被己軍殺掉的案例不在少數。

不久後，鎧甲背面開始附有插旗用的固定金屬零件，士兵便改在背上插上大旗幟來取代腰差，這就是差物（參見 p.90）。當中也有人不是用旗幟，而是用紙或輕量的木板製成個人特有的標記插在背上。

士兵佩戴在身上的標記

用視覺識別的標誌和暗語

在與死亡為鄰的戰場上，瞬間分辨敵我的判斷力會攸關性命。尤其是在戰爭規模擴大，士兵動員人數增加的戰國時代，判斷更是困難，因此需要標記作為判斷的依據。

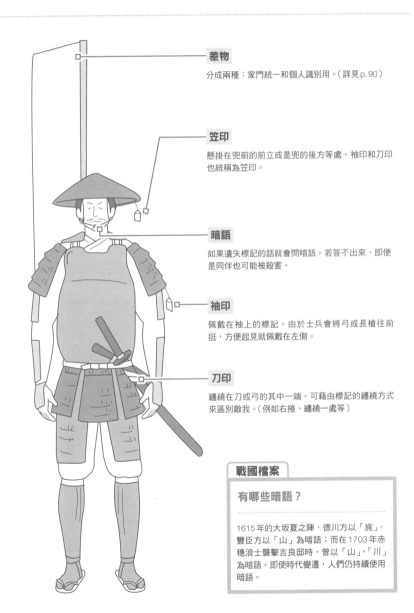

差物

分成兩種：家門統一和個人識別用。（詳見p.90）

笠印

懸掛在兜前的前立或是兜的後方等處。袖印和刀印也統稱為笠印。

暗語

如果遺失標記的話就會問暗語。若答不出來，即便是同伴也可能被殺害。

袖印

佩戴在袖上的標記。由於士兵會將弓或長槍往前挺，方便起見就佩戴在左側。

刀印

纏繞在刀或弓的其中一端。可藉由標記的纏繞方式來區別敵我。（例如右捲、纏繞一處等）

戰國檔案

有哪些暗語？

1615年的大坂夏之陣，德川方以「旆」，豐臣方以「山」為暗語；而在1703年赤穗浪士襲擊吉良邸時，曾以「山」、「川」為暗語。即使時代變遷，人們仍持續使用暗語。

曠野、河川、城池——
容易被選為戰場的地方

對應人物 ▷ 大名 武士 足輕 傭兵 農民　　對應時代 ▷ 室町後期 戰國初期 戰國中期 戰國後期 江戶初期

❖ **雙方大軍會選擇在**
寬闊的場地一決雌雄

　　歷史性的戰役大多會以戰場的地名來稱呼。大略瀏覽一下，就會注意到有許多「野」、「原」、「川」等字眼。自古以來，地名會如實表現該土地的特徵。地名中含有野、原、川等字，表示該地是原野或河灘。簡而言之，當時的戰役大多是在原野或河灘這般開闊的地方進行。畢竟雙方大軍交鋒，這也是理所當然的。

　　1600 年的關原之戰就一個代表例子。關原是被南北山地圍在中間的盆地，也是中山道、北國街道、伊勢街道交會的交通要衝。這個連繫近畿地區和東國的土地，在 672 年也發生了壬申之亂，可說是非常適合進行決定天下之戰的大舞台。

　　名稱中有河川的戰役，以發生在源平合戰中的富士川之戰、宇治川之戰最有名。戰國時代，織田、德川聯軍與淺井、朝倉聯軍交鋒的姊川之戰也廣為人知。會選擇河灘及其周邊地區為戰場的原因，在於當時的河川與現代不同。當時的河邊雖然也有開發土地，但不能忽略的是河川＝國界的情況居多。一旦過河就會對攻方造成不利，因此河川就變成保護我方領地的自然壁壘。反過來說，只要控制河川，就能一口氣進攻對方領地，因此河川容易成為戰場有其必然性。

　　另一方面，名稱中有「山」名的戰役少之又少，因為一般鮮少在山地進行正式戰鬥，頂多只有爭奪城砦。也有戰役的名稱中帶有「（山頂）」、「坂（斜坡）」，或是意指山脊之間土地的「狹間（峽谷）」等字，這些都是屬於防守困難的地形。在這些地點發生的戰鬥，大多是突襲或撤退戰。

戰場的特徵

攻守的優點和缺點會隨場所不同而變化

戰國時代，開闊的土地常被選為決戰地，不過在其他場所進行的戰事也不少。戰術的關鍵在於掌握隨地形變化的攻守難易度。

易攻

峽谷

峽谷是指被兩座山脊所包夾的狹長地形。大軍無法在此正式布陣，以寡兵發動突襲可取得優勢。

山頂

由於位在交通要衝，敵軍會朝這裡進軍。只要在高處埋伏，就能取得優勢。

河川

大多位在國境，河川兩側腹地寬廣，兩軍也容易在此展開戰鬥。

易守

山

由於陣形編制困難，因此不會發生正面衝突。最後會演變成雙方彼此破壞建好的山砦，難以展開戰鬥。

平原

當大軍與大軍展開戰鬥時，一定會選擇寬闊的土地。

城

採取籠城戰（守城戰）是為了彌補兵力不如敵方的劣勢，因此會演變成難攻易守的戰爭。

戰國檔案

田間小路適合突襲

日文的「畷」是指濕地一帶的田間小路。由於位處田間小路時，受到誘餌引誘而移動的敵軍無法馬上組織陣形，因此非常適合突襲。1584 年的沖田畷之戰，島津家久毅然發動島津家擅長的釣野伏（參見 p.24）戰法。由於行軍隊伍是在田間小路愈拉愈長的狀態下遭到突襲，敵方龍造寺軍束手無策，最後全線瓦解。

破壞船隻，將敵軍擊落大海

對應人物 ▷	大名	武士	足輕	備兵	農民

對應時代 ▷	室町後期	戰國初期	戰國中期	戰國後期	江戶初期

❖ 左右海戰勝負的水上專家

　　水軍對水軍的海戰，基本上與陸戰無異。開戰順序為開局先互射弓箭，待雙方接近後用熊手將敵船拉過來。最後則進行白刃戰。登上對方的船時，會在兩艘船之間架木板通行。

　　戰國時代初期的海戰常使用一種速度快的小型船，稱為「小早」。小早全長約10ｍ，備有約十挺櫓。中型船「關船」的船速雖不如小早快，轉彎卻相當靈活，也備有矢倉，作為軍船各方面都很均衡，全長超過20ｍ以上，備有四十～八十挺櫓。到了戰國時代中期，除了矢倉外還有天守的大型船「安宅船」登場。安宅船是全長20～50ｍ的大型船，可搭乘一百人。船身亦有設置鐵炮狹間（可一邊藏身，一邊進行槍擊的窗口），方便鐵炮隊發動攻擊，堪稱是海上要塞。

　　海上所使用的武器也極具特色。海戰的主要戰鬥方式是破壞對方船隻、將敵船拉過來，使敵人落海，最常使用的武器是熊手。此外，發射火矢或焙烙火矢（參見p.66）使敵船爆炸，起火燃燒的戰術也很有效。為了將焙烙火矢射得更遠，將竹子綁成束製成的彈簧發射裝置也蔚為流行。

　　當時，擔任海戰主角的是原本被稱作海賊眾的水軍眾。平時不是向往來勢力範圍內的船隻徵收通行稅，就是受雇擔任大名的警衛，到了戰時則作為備兵集團參戰。開創江戶幕府的德川家康相當畏懼水軍，從家康將水軍眾的領地換成沒有臨海的盆地這件事來看，就能體會到當時水軍的威力。

海上武器

在海上才有效的武器

正因船底下就是大海，才會有把人丟入大海、放火燒船等海戰特有的戰鬥方式。除了大致分成三種類型的軍船外，水軍還會靈活運用他們特有的武器等各式道具。

流程和戰法

近戰武器

遠程武器

防具

馬

標記

不同場地的戰爭

關船

安宅船的護衛用中型船。全長20～25m。在速度、攻擊和防禦方面擁有絕佳平衡。

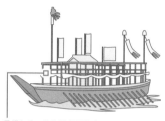

具備矢倉，作為防禦用的空間。

小早

轉彎靈活的小型船。全長10m。從戰國初期開始就用於游擊戰，是海戰的主力船隻。

人數少，使用焙烙火矢將對方的船擊沈。

以糙葉樹或樟樹製的盾覆蓋整艘船。

安宅船

戰國中期製造，兼具防禦力和耐久力的大型船。全長20～50m。亦可用於海上封鎖，是海上的要塞。

盾上設有狹間，以便發射遠程武器。

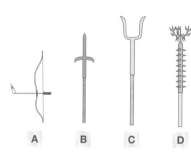

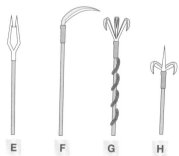

A　火矢：射出點火的箭，使敵船起火燃燒。

B　船槍：用於突刺和鉤拉。

C　琴柱：內側附有刀刃，能壓制並砍傷對方。

D　袖搦：可用來鉤拉或是將敵人推下大海。

E　鋒：魚叉的變形，內側加裝突起。

F　藻外：能鉤拉並砍斷敵船的船帆或網子。

G　熊手：最常使用的武器。因附有鎖鏈，即使握柄斷了武器也不會掉落，相當便利。

H　船用熊手：刃尖較小，上面附有鉤子，可用來拉倒敵人。

進入戰國中期
才出現擁有豪華天守閣的城

對應人物 ▷	大名	武士	足輕	備兵	農民

對應時代 ▷	室町後期	戰國初期	戰國中期	戰國後期	江戶初期

❖ 隨時代變遷而改變的
　戰國時代城堡

一提到城，就會聯想到擁有豪華天守閣的巨大建築，不過這是在天下人織田信長登場之後才出現的。在這之前，一般都是戰國大名在自己住的居館後方山地與建戰爭用的城砦。例如甲斐守護武田氏的居城為躑躅崎館，其後方有一座被稱作要害山城的詰城。換句話說，躑躅崎館是作為政廳設施和大名居住區域，要害山城則作為緊急狀況下的防禦設施。

之後進入戰國時代，隨著戰爭變成常態，每逢戰役就得從平地的居館移動到山上的城砦，相當不便。於是開始在山上的城與建永久設施，平時也居住在山上。話雖如此，不過山上的城濕氣重，環境稱不上舒適，所以有不少在山上興建居住設施的戰國大名後來改在山麓生活。

山城逐漸衰微的最主要原因在於鐵炮的普及。過去號稱堅不可摧的山城，在擁有長距離射程的鐵炮攻擊下，過去壓倒性的防衛力被削弱許多。再加上各地戰亂終結後，存活下來的大名都統治一國多郡，從迅速傳達指令到各地和奠定統治的層面來看，住在山城的確多有不便。

因此到了戰國後期，城的主流形式從過去的山城變成興建於平地丘陵的平山城。平山城不僅地形有高低差，具有防禦性，同時也兼具平地的便利性，在在顯示出大名在該地區的強大支配權。當時有一部分運輸是由水運輸送，為活用水運之利而在水邊興建水城，主要的考量是加強對平時政治、經濟的影響力，而非防禦力。隨著時代改變面貌的城堡之所以衍生出各種類型，背後都是有原因的。

城的種類

日本全國的城砦有哪些種類？

戰國時代，日本全國多達五萬座城。戰國初期，城原是在修築在山上作為緊急城砦，其後因交通之便和城下町建設的必要性等因素，才漸漸改在平地築城。

戰國主要的城　最常見的是平城，城的種類大致可分成四種。

山城

興建在陰峻山間，利用山脊等天然地形之利。領主的居館則興建在山麓。

優點：由於利用山來築城，築城成本低。
缺點：交通和用水不方便。

平山城

興建在交通便利的河川沿岸山丘和台地邊端。城主的宅邸也在城牆內側。

優點：交通和用水方便。
缺點：需花費填土等築城成本。

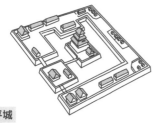

平城

興建在平地的城，規模較其他種類的城壓倒性地大。使用高聳石垣和堀來提高防禦力。

優點：可屯駐大軍。
缺點：防衛方面較脆弱。

海賊城

作為水軍根據地使用的城郭。以瀨戶內海的村上水軍居城來島城為代表。

優點：防衛力高。
缺點：交通不方便。

---

column　築城需要領民協助

決定築城後，首先要挑選土地。接著才進入相當於基礎工程的「普請」、興建城門、御殿和天守的「作事」等作業程序。這時，負責搬運木材和石材的就是領內的領民。談到戰國時代，絕對不能漏掉這群無名英雄。

火攻、水攻──
為了攻陷城池不擇手段

對應人物 ▷ 大名　武士　足輕　傭兵　農民　　對應時代 ▷ 室町後期　戰國初期　戰國中期　戰國後期　江戶初期

❖ 不論放火還是水淹
　為了攻陷城池不擇手段！

戰國時代的城都是木造城，因此守城方對於火相當提防，不敢懈怠，當然攻擊方也會設法燒城。這時最重要的就是遠程武器。使用火矢燒城的攻城方與防守兼滅火的守城方，雙方展開一場圍繞著「火」的戰爭。因此，安土桃山到江戶時期修築的城牆均會塗上漆喰塗料、採用瓦葺屋頂，做好萬全的防火措施。

可是就算設法讓木造部分起火燃燒，用火也無法摧毀石垣和用土堆砌的部分。這時最有效的辦法就是水攻。儘管只能用於位在河川旁的低窪城池，不過用水淹沒整座城的方法確實能造成極大的打擊。雖然不是完全淹沒，但淹水會讓石垣和土壘變得容易崩塌，更重要的是重挫守城方的士氣。由於淹水的城衛生環境會變得相當惡劣，只要進行到這一步，距離攻陷城池也就不遠了。

若附近沒有水源的話，採用挖隧道入侵城內的土龍攻也相當有效。只是和水攻一樣，採取這種攻城戰略需要大規模土木工程，弱小勢力根本辦不到，因此這是只有大國才能採用的特別手段。

兵糧攻不需要事先做好大規模的準備工作，就能發揮絕佳效果。採用兵糧攻時，必須將城的四周包圍得水泄不通，需要一定程度的兵力，不過這個戰術最大的優點就是抑制己軍的戰損，同時打擊守城方。豐臣秀吉是相當擅長攻城戰的武將，他尤其喜歡採用兵糧攻。秀吉在攻城戰發揮智謀，像是在圍城之前就先收購城內的米、將城周邊的居民趕進城內來加速兵糧消耗等，果真是戰國第一攻城高手。

攻城戰①

憑藉武力壓制的攻城戰正面進攻法

當敵兵攻打固守的城池時，有各式各樣的攻擊方式。其中最主流的戰術就是「武力攻擊」。如同字面所示，這是靠武力壓制的戰術，當中也包含一項大原則。

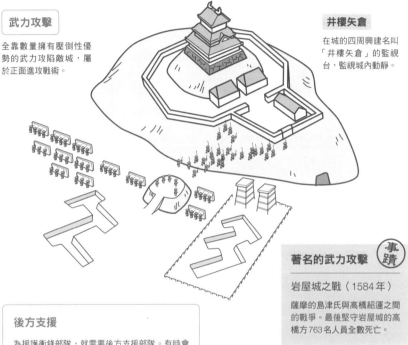

武力攻擊

全靠數量擁有壓倒性優勢的武力攻陷敵城，屬於正面進攻戰術。

井樓矢倉

在城的四周興建名叫「井樓矢倉」的監視台，監視城內動靜。

著名的武力攻擊 事蹟

岩屋城之戰（1584年）

薩摩的島津氏與高橋紹運之間的戰爭。最後堅守岩屋城的高橋方763名人員全數死亡。

後方支援

為援護衝鋒部隊，就需要後方支援部隊。有時會發射火矢引起火災。

弓隊

弓具備長射程距離和速射性，因此弓兵在攻城戰也相當活躍。

鐵炮隊

攻城是從鐵炮隊的砲擊揭開序幕，其中也帶有威嚇的意思。

戰國檔案

三對一法則

由於城的防禦性高，所以攻城方的兵力必須比守城方高出三倍。另外，武力攻擊是攻守雙方正面交鋒，因此雙方都會出現眾多傷亡。

攻城戰②

使用火水進攻的戰術

除了召集壓倒性軍隊以武力壓制的「武力攻擊」外，還有五花八門的攻城方法。想要破壞固若金湯的城，最常使用的就是「火」和「水」的戰術，這能對守城方造成致命打擊。

火和水 火燒和水淹都是相當殘酷的戰術。

火攻

不僅放火燒城，同時也會燒掉食糧、物資以及橋樑等，藉此降低對方的戰力。

火矢的機制

火矢

在鏃的部分塞入易燃的油紙，點燃後發射。

著名的火攻 （事蹟）

火燒比叡山（1571 年）

織田信長採用火攻攻擊敵對的寺社勢力。死者多達一千五百人到四千人。

來勢洶洶的水之威力

水的力量

藉由水力阻擋交通和補給道路，大幅降低對方戰力。

水攻

將城四周的河川堵住，讓水淹沒整座城。鐵炮等火器也會連帶遭到摧毀。

著名的水攻 （事蹟）

水淹高松城（1582 年）

織田軍的羽柴秀吉與毛利軍交戰。這場攻城戰因秀吉出奇策，使高松城淹水。

攻城戰③

非正面進攻、出其不意的兵法

在攻城戰中，千萬不能忘的就是「兵糧攻」。兵糧攻是常見的戰術之一，有許多大名被兵糧攻逼到城池淪陷。還有一種以奇特聞名的戰術，叫做「土龍攻」。

兵糧攻　將敵方城池團團包圍，除了米之類的糧食外，也會截斷武器及彈藥等物資的補給。

飢餓的恐怖

藉由斷絕糧食來降低敵方的抗戰意識，較容易占領城池。

著名的兵糧攻 **事蹟**

渴殺鳥取（1581年）

羽柴秀吉包圍吉川經家籠城固守的因幡鳥取城，使城內餓死者屍橫遍野。

攻擊前，也會事先高價收購該領地的米糧。

甚至會在城底下設置炸彈，炸毀城池。是精通此道的專家才能採用的戰術。

土龍攻

又稱穴攻，即挖一條連結城內的隧道，企圖出其不意地入侵城內。

挖洞高手

派遣挖金礦的工人「金掘眾」做苦工。

著名的土龍攻

攻打松山城（1563年）

武田信玄和北條軍一起進攻松山城時採用了土龍攻。

攻城兵器 ①

為了攻陷城池而開發的兵器

隨著鐵炮的傳入，攻城戰的樣貌出現急遽的變化。從戰國時代後半，誕生了各式各樣的攻城兵器，採用了過去未曾有過的強力戰術。其中也包含技術相當先進，簡直不像是當時開發的攻城兵器。

攻城兵器的種類① 下面挑選以射擊敵人和攻城為目的的攻城兵器進行介紹。

龜甲車

前端裝上削尖的圓木，用來撞壞城門。

走櫓

使用木材組成高挑的櫓。根據江戶時代的軍書記載似乎裝有車輪，但並無定論。

實際上有無車輪這點眾說紛紜。

行天橋

用來越過以土壘、石垣等砌成城牆的階梯。下方加裝車輪就變成可移動式。

竹束

用繩子將竹子綑綁成束製成。構造結實，再加上材料可就地取得，日本各地皆有運用。

米袋

使用裡面裝土的米袋堆疊而成。可當成屏障使用。

攻城兵器 ②

穿過傾盆而下的箭雨子彈進行突擊

在道路大多崎嶇難行的日本土壤上，鮮少使用有車輪的攻城兵器，但也不是完全沒有實戰案例。一般認為在崎嶇道路上會先將兵器拆解，到了戰場再重新組裝。

攻城兵器的種類②

下面以能抵禦敵方攻擊同時進攻的攻城兵器為中心進行介紹。

木幔

能用木板抵擋弓箭及鐵炮的槍彈，同時以台車進行移動的兵器。亦有可調整木板高度的木幔。

埋草

這是使用草及樹木等來掩埋城內空堀的原始手段，以織田信長攻打本願寺時使用的戰法而聞名。

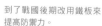
到了戰國後期改用鐵板來提高防禦力。

手楯

鎌倉時代的「法然上人繪傳」中也有描繪，是相當原始的盾。據說在渡過山崖和水溝時也可拿來當作踏板。

轉楯

可從狹間發射弓箭或鐵炮的移動式盾。在大坂夏之陣，曾使用過表面釘有鐵板，可承受鐵炮攻擊的大盾。

守護城池的萬全機關

對應人物 ▷ | 大名 | 武士 | 足輕 | 備兵 | 農民 |　　對應時代 ▷ | 室町後期 | 戰國初期 | 戰國中期 | 戰國後期 | 江戶初期 |

賭上武士意志力的籠城戰
❖ 城內所有構造
　　都是為了打倒敵人

　　遠程武器是最能打擊攻城方的防禦方法，因為弓矢和鐵炮都能從高處進行射擊，對守城方相當有利。除了箭和子彈外，士兵甚至還會傾倒沸水、糞尿，或是將大樹和大石塊往下丟，丟擲各種物品來防止敵兵攻擊。

　　在歷經無數次攻城經驗後，戰國後期的城形成了易守難攻的構造。像是可從石垣上四周圍起如長屋般的櫓（多聞櫓）內，風雨無阻地狙擊攻城方、從上方建築物往石垣方向突出的出窗（石落）探出弓或鐵炮進行射擊，或是扔擲石頭。櫓的牆面及圍牆上鑿有防禦用的窗口（射眼），稱作「狹間」，能透過這裡從城內狙擊城外敵兵。城牆也刻意以層層重疊的方式建造，消除城內死角，不論敵兵出現在哪個位置都能進行狙擊。

　　最激烈的攻防戰通常發生在城門附近。城和曲輪的出入口稱作「虎口」，設有最堅固的守備。像是進門之後四周都是城牆，可將入侵的敵人團團包圍進行攻擊的「枡形門」等，簡直如猛虎之口般可怕。

　　就連石垣也下了工夫，刻意砌成彎曲的形狀，方便從側面攻擊爬牆上來的敵人。特別是向外側的石垣有不少地方都是以彎曲的方式砌成，稱作「折」或「歪」，能讓守城方有效攻擊緊貼在石垣上的敵兵。石垣採用錯綜複雜的構造，不僅能擾亂敵方的進攻，同時也能從各方面進行攻擊。

　　如今作為觀光景點，看似和平的城，過去都是被設計成以各種手段殺敵的戰爭據點。這麼一想，就覺得耐人尋味。

城的全貌

活躍在戰國時代的堅固軍事設施

城乃是為了守護自國所興建的重要基地。為了不讓敵人輕易入侵,內部設有許多機關。為加深各位對守城戰的理解,各處的詳細作用暫且擱置一旁,在此先針對城的全貌進行說明。

城的部位和名稱

為防止敵人攻擊和入侵,城內設置了許多防禦設施。

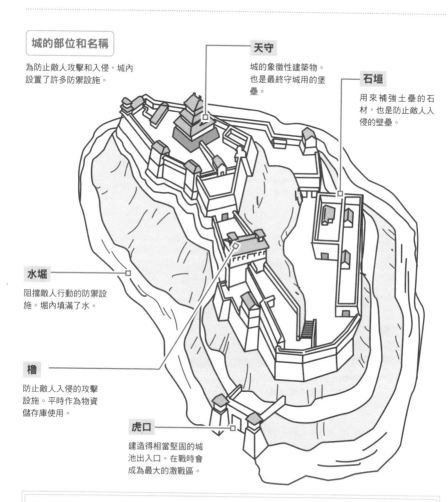

天守

城的象徵性建築物。也是最終守城用的堡壘。

石垣

用來補強土壘的石材,也是防止敵人入侵的壁壘。

水堀

阻擋敵人行動的防禦設施。堀內填滿了水。

櫓

防止敵人入侵的攻擊設施。平時作為物資儲存庫使用。

虎口

建造得相當堅固的城池出入口。在戰時會成為最大的激戰區。

---

column 天守不是城主居住的空間

天守可說是城的象徵,不過在1576年織田信長修築的「安土城」之前,並沒有這個構造。此外,到江戶時代初期為止雖有天守作為居住空間使用的例子,可是到了江戶時代中期後,天守幾乎都被當成倉庫使用。

絕不能讓敵方突破的防衛戰線

虎口是城的出入口，正因這裡是敵兵蜂擁而至的場所，一旦開戰就會成為最大的抗戰地帶。因此，虎口的構造充滿防範敵人入侵的巧思。

虎口的種類　為防止敵兵闖入，以弓和鐵炮進行射擊是守城方的「法則」。

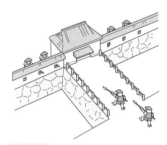

平虎口

形式最單純的虎口。藉由縮小出入口，讓敵方大軍無法一口氣入侵。

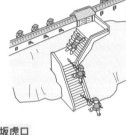

坂虎口

增設彎曲的階梯和坡道，設法延遲敵方的行進速度。

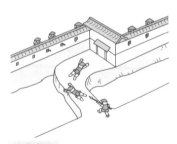

喰違虎口

通向虎口的道路呈直角彎曲，阻礙敵方直線闖入。

枡形虎口

在雙重構造的兩道門之間製造空間，在此一網打盡入侵的敵軍。

---

column　「順虎口」與「逆虎口」的不同

喰違虎口和坂虎口的彎道以攻城方右轉居多。這是因為當時的武士大多是右撇子，讓敵軍進城時向右轉，就能從城內攻擊防備薄弱的左側。順帶一提，讓敵軍左轉的虎口稱作「逆虎口」。

堀和土壘

「堀」和「土壘」能阻礙敵人的進犯

為了阻擋敵方的行動，城的附近都會設有一種叫做「堀」的大型溝渠。此外，也會利用挖堀時挖出的砂石建造壁障，叫做「土壘」。這兩者在守城戰中都是不可或缺的。

堀的種類　沒有填入水的堀叫做空堀，常見於中世以前所修築的山城。

箱堀

堀底設有一種不規則釘椿、能封鎖敵人行動的障礙物，叫做亂杭。堀深約5～6m。

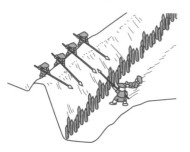

堀障子

這種堀相當厲害，敵人若是掉進洞裡得花不少時間才能爬出來。

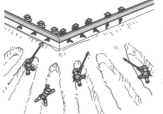

畝狀豎堀

使攻城方士兵無法橫向移動，淪為弓箭和鐵炮的活標靶。

水堀

穿著沉重的甲冑想游過水堀根本是天方夜譚。

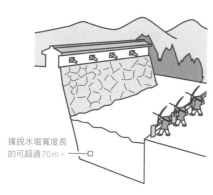

據說水堀寬度長的可超過70m。

武者走（設置在城牆或城周圍土堤內側的通道）

土壘的構造

由於內側設有大型通道「武者走」，守備人員較容易進行迎擊。

流程和戰法

近戰武器

遠程武器

防具

馬

標記

不同場地的戰爭

門

阻擋敵人入侵的重要防禦設施

在戰國時代的城當中，門不只是出入口，更是防止敵人入侵的防禦設施。此外門的種類五花八門，每種門的構造都相當講究，以便迎擊敵人。

門的種類　當敵人入侵之際，門是最容易遭到狙擊的場所，所以會採取對策阻止敵方進攻。

藥醫門

主柱有兩根，內側設有兩根支柱，大幅向外延伸的切妻屋頂也是一大特徵。

二樓部分為櫓，可在此待機攻敵。

埋門

其構造為在石垣挖通的部分嵌上門片，因此不易被敵人發現。

櫓門

採一樓為門，二樓為櫓的構造，可從櫓的狹間探出弓和鐵炮迎擊敵人。

高麗門

由藥醫門發展而成的門。藉由縮小屋頂來防止敵人躲在門下。

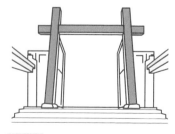

冠木門

僅在門柱架上冠木，構造相當簡樸的門。防禦性不足，主要作為外門使用。

勝負關鍵在於如何防止敵兵過橋

水堀上有架橋，不過這不單純只為搬運人力物資，上面也有裝設了防止敵人侵犯的機關。橋樑一旦被敵方突破就會造成重大損害，所以設計上花了許多心思。

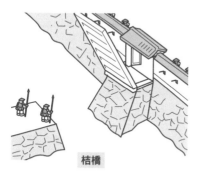

桔橋

當敵人來襲時，可用繩索等將橋台吊上來阻擋敵人入侵。又名跳橋。

筋違橋

從大門斜線架橋而非直線架橋，以便從狹間側射箭。

廊下橋

架設在城內有如走廊般的橋。可在城的左右側面形成障壁，並設有狹間以阻擋敵人侵犯。

引橋

為木製的橋，可撤下部分鋪板，使敵兵過不了橋。

---

column 千萬不可在河川上架橋！

說起橋，比起城的水堀，大家腦中首先浮現的應該是架在河川上的橋吧。然而在戰國時代，人們卻不太會在河川上架橋。當時的車輛還不太發達，因此沒必要架橋。基本上游泳過河才是當時的「法則」。

流程和戰法

近戰武器

遠程武器

防具

馬

標記

不同場地的戰爭

從高處發動攻擊驅散敵人

城的防衛設施當中,除了可抵擋敵方發射的箭和子彈的石垣外,還備有櫓和井樓等可從高處進攻的攻擊設施。此外,櫓和井樓也能利用位於高處的優點,發揮監視作用探知敵方動靜。

城的防禦設施 從高處進攻能增加箭和子彈的威力,使攻城方軍隊無法前進。

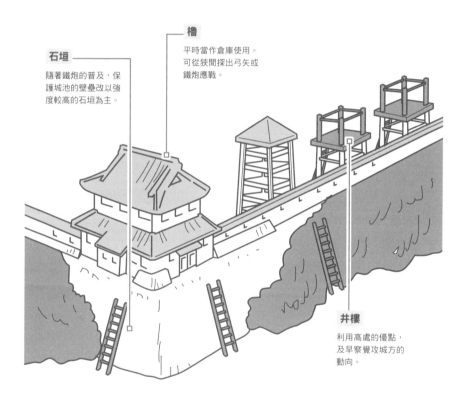

石垣
隨著鐵炮的普及,保護城池的壁疊改以強度較高的石垣為主。

櫓
平時當作倉庫使用。可從狹間探出弓矢或鐵炮應戰。

井樓
利用高處的優點,及早察覺攻城方的動向。

---

column 城也是領民的避難場所

戰爭爆發之際,領民會逃進城內避難。領主有義務保護領民的性命,因此會爽快地開放領民入城。一般都認為攻城方較有利,但當時的武器當中威力最強的頂多就是鐵炮,因此守城方較為有利。

守城戰②

從牆上的洞孔探出弓箭和鐵炮迎擊

為防備敵方的攻擊，士兵會事先在城牆上鑿出洞，稱作「狹間」，透過這個洞在城內以弓或鐵炮迎擊。攻城方會因被守城方從牆洞狙擊，而無法輕易進攻。

狹間的種類 透過在城牆設置各種狹間，既能藏身躲避敵方攻擊，同時也能進行反擊。

石落

在櫓的部分挖有洞孔，可從洞孔丟石頭或灑糞尿驅趕敵人。

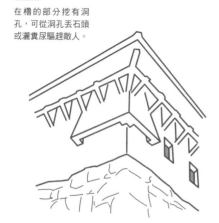

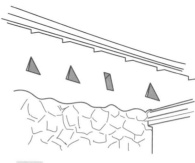

狹間

從牆上挖好的洞孔迎擊敵人。孔洞內側較小且窄，以防敵人察覺城內動靜。

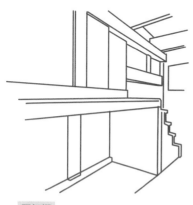

石打棚

當敵人攻進來時，就會在土牆設置棚架作為應急措施。守城方可登上棚架迎擊。

戰國檔案

櫓和石垣的構造也大有學問

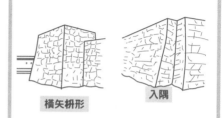

橫矢枡形

入隅

由於櫓和石垣的角落呈直角，無論如何都會產生死角。使角落呈現曲折的形狀就能減少死角，並藉此從側面射擊敵人。這種構造稱為橫矢。

損失慘重的「城池淪陷」
其實相當罕見？

充滿戲劇效果的城池淪陷可說是相當少見

巨大的城被熊熊大火包圍，遭到攻陷。這彷彿電影場景般壯烈的攻城戰，在戰國時代其實相當罕見。因為城既是該國大將和其家臣的居住地，也是作為一國行政機關中樞的據點。燒毀如此重要的地方有弊無利。可以的話最好在城池保持完好的狀態下占領，重新利用，成為新的領地據點，這對攻城方才是最有利的。此外，對攻城方而言，在攻城戰使用武力攻擊或火攻等戰法也會造成大量死傷，能免則免。基於上述原因，戰術上以採用兵糧攻居多。

第二章

出陣、進軍的法則

在全民參戰的戰國時代，每逢擴大領土或是鎮守疆土之際，就會有許多人受到召集趕赴戰場。這些人出陣前和進軍時的情況也令人感到好奇。本章將會詳細追蹤士兵們趕赴戰場前的「法則」。

| 對應人物 ▷ | 大名 | 武士 | 足輕 | 備兵 | 農民 | | 對應時代 ▷ | 室町
後期 | 戰國
初期 | 戰國
中期 | 戰國
後期 | 江戶
初期 |

❖ 大名一聲令下全軍出陣！
…在現實當中並不會發生

　　一般都認為戰國時代的大名和武士隨時處於備戰狀態，其實根本沒這回事。基本上，家臣會待在自己的知行地（領地），在最前線戰鬥的士兵平時是農民，不可能時常駐紮在大名的居城。因此，緊急狀況發生時，重臣們才會聚集起來召開「評定」，也就是會議，決定要和解還是發起戰爭。

　　重臣會根據事先蒐集的情報來討論是否該出陣。若不得不戰的話，就會在評定中討論動員計畫、籌措武器防具和馬匹以及兵站等戰爭準備相關議題，並決定行軍路線、戰場預定地以及基本戰術等。當然如有同盟勢力的話，也會請求對方派遣援軍及進攻人手薄弱的敵方根據地。此外，擔任「前鋒」被武士視為一大榮譽，認為

自己是勇者的武士之間常會為了爭取擔任前鋒而起爭執。因此有時也會以抽籤方式來決定「前鋒」。

　　戰役前最重要的「情報」則會派遣物見（偵察兵）和忍者去蒐集，設法蒐集更多情報。然後根據蒐集到的情報，比方說在敵我戰力平分秋色的情況下，選定能運用地利的預定戰場；若是在雙方兵力懸殊，正面交鋒毫無勝算的情況下，則會進行擾亂敵方或是和解工作，最糟的情況甚至會針對投降進行協議。

　　順帶一提，若是決定開戰的話，大名就會召集麾下眾武將。這些武將得知評定結果後會各自回到據點，召集士兵發布「陣觸」（出陣命令），再火速趕到大名身邊。發布「陣觸」時有個特徵，就是使用鐘、太鼓及法螺貝，此乃戰國時代的法則。這些聲響，也是宣告戰爭開始的信號。

戰爭評定

戰爭前擬定戰術的重臣會議

戰爭開打前，戰國大名會召集重臣召開戰爭評定。主要議題是擬定進攻路線及軍隊配置等作戰計畫，如果判斷毫無勝算的話，就會進行和解工作或準備投降。

何謂評定？

評定指的是戰國時代的幹部會議。平時也會每個月召開三次左右。

地圖

擬定行軍計畫時必須要有地圖，以便事先擬定好進攻路線和撤退路線等作戰計畫。

戰國大名

召集家臣，採合議制會議，不過做出最後決定是戰國大名的責任。

家臣

依照戰功來決定順序，年齡也各不相同。

打圓陣

戰國大名坐上座，重臣們則圍著大名周圍入座。

戰國檔案

主要商定事項

・該開戰嗎？
・有勝算嗎？
・該如何籌措武器和糧食？

在動員軍隊前的戰爭評定中，會針對上述事項進行討論。動員後也會召開戰爭評定，這時就會討論行軍道路和戰場分析等更深入的內容。

著名的評定

小田原評定（1590年）

北條氏政、氏直遭到豐臣秀吉包圍之際，曾召開了一場冗長的評定，此乃著名的軼事。

在戰國大名一聲號令下集合的士兵們

陣觸

在戰爭評定中決定開戰後，就會馬上發出召集士兵的「陣觸」，採取各式各樣的聯絡手段，例如以太鼓和鐘聲為暗號、點燃狼煙通知距離遙遠的山村和漁村等。

暗號道具類 藉由具有聽覺或視覺效果的道具，召集領內的士兵。

狼煙

召集遠方人士之際，以狼煙作為傳達手段相當有效。

陣太鼓

除了召集士兵外，也可用作進軍信號。

口頭

口頭發布時，由稱作「觸頭」的人員負責發布陣觸。

陣鐘

發布陣觸時，通常敲擊方式會變得又快又激烈。

陣貝

以網袋裝飾的法螺貝，也用於進軍或撤退時。

由被稱作「貝番」的武士吹奏陣貝，也會帶到戰場上。

動員和編制

領內的人民集結在各領主旗下！

透過陣觸受到動員之後，地侍和農民會先到各領主旗下集合。最後眾人一起聚集在戰國大名的麾下，這時領主就會提交寫著到達的信件，稱作著到狀。

編制的情況

領主動員領內所有的侍、足輕和農民，之後再一同前往大名麾下。

家臣

發誓向大名效忠的武士。在戰場上擔任指揮官，統率軍隊。

領主

獲大名賞賜領地的一國之主，藉由發號施令來提高士氣。

侍

家臣領內的士兵，負責統率足輕和農民。

足輕

由具備武藝素養的農民和浪人等組成，於最前線奮戰。

農民

負責物資輸送等事務的非戰鬥人員。有些農民也會拿起鐮刀和鋤頭戰鬥。

---

column 各領主會收到大名規定的人數目標

要與敵軍抗衡，需要一定的兵力。因此發布陣觸時，大名會規定領主必須召集到多少人馬。一想到沒達成目標人數就會受罰，領主自然會竭盡心力。

| 對應人物 ▷ | 大名 | 武士 | 足輕 | 備兵 | 農民 | 對應時代 ▷ | 室町後期 | 戰國初期 | 戰國中期 | 戰國後期 | 江戶初期 |

❖ 舉行兆頭儀式 祈求勝利

即使做好再萬全的準備也不能保證一定獲勝，這就是戰爭。因此在出陣前，都會舉行祈求勝利和生還的兆頭儀式。

首先舉行的是「精進潔齋」。目的是為了潔淨身心，禁止男女性交。尤其是產後三十三天內的女性，別說是接近，連身邊的物品也不准她觸碰，這換作是現在大概會釀成一大問題。

此外，還會舉行詠唱和歌的連歌會，將完成的百句和歌供奉神社，祈求首戰勝利。

出陣日期也會透過占卜來決定。因為要是在不適合出陣的凶日出陣的話，就會落敗。出陣當天會舉行祈求戰勝的「三獻之儀」，端上象徵好兆頭的酒菜：勝栗是將乾燥的栗子剝皮

而成，意味著「戰勝敵人」；打鮑是用切細的鮑魚條曬乾製成，意思是「擊敗敵人」；昆布在日文中與「喜悅」諧音。

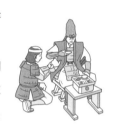

此外，還會將大、中、小酒杯疊起來倒酒，每杯分成三次喝，共計喝九次酒。擔任總大將者則會在眾家臣面前，一邊享用酒菜一邊舉杯，誓言擊敗敵軍，共享喜悅。

除此之外，還會舉行剪斷總大將鎧甲上帶繩尾的儀式，表示「不脫鎧甲＝絕不退縮的決心」。而在出城或出居所之際，也有總大將邁步跨過菜刀刀刃後出陣的習俗，這也是為了討吉利。等這些儀式都結束後，原本躺放在地面上的旗幟，就會隨著出陣的信號一同高舉。士氣高昂的軍團發出戰吼，就此出陣。

兆頭和 禁忌	**出陣前進行各式各樣的「求神」儀式** 即便軍隊都已經布署好了，也不可能馬上出陣。領主們會舉行各種祈求戰勝的儀式以贏得戰爭。這些儀式盡是毫無科學根據的迷信，卻是赴沙場者的心靈寄託。

兆頭

為了前往攸關生死的戰場，出陣前凡事都要講究兆頭。

鳥

從敵方飛來己方陣營者表示凶兆，反之則為吉兆。

狗

出陣之際，若有狗往右橫越表示凶兆，往左橫越則表示吉兆。

戰國檔案

出陣前占卜吉凶

除此之外，還有「出陣之際若不慎落馬，往右落馬表示凶兆，往左落馬表示吉兆」、「若出陣之際弓斷掉，握把以下折斷表示凶兆，握把以上折斷則是吉兆」等說法。

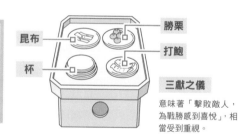

勝栗

打鮑

昆布

杯

三獻之儀

意味著「擊敗敵人，為戰勝感到喜悅」，相當受到重視。

禁忌

祈求戰勝必須淨身，所以有各種禁忌。

出陣前三天禁止性交。女性被視為不淨的存在。

戰國檔案

出陣前嚴禁女色

以前有「禁止孕婦觸碰戰爭穿的衣服和具足」、「甲冑不得朝北」等禁忌。儘管這些都沒有任何根據，卻是當時的慣例。

幕後要角「軍師」
會占卜戰爭的吉凶

對應人物 ▷	大名	武士	足輕	備兵	農民

對應時代 ▷	室町後期	戰國初期	戰國中期	戰國後期	江戶初期

❖ 戰國大名能成就偉業
是有軍師從旁獻策

說起軍師，常給人在陣幕內洞燭機先，擬定策略愚弄敵人，也就是智謀型武將的印象。日本史上最早出現類似軍師的人物，據說是在奈良時代對平定藤原仲麻呂（惠美押勝）之亂貢獻良多的「吉備真備」。他曾學過中國兵法，同時也精通陰陽道，日本的軍師形象則繼承此一方面。也就是在戰役前占卜吉凶，祈求勝利，傳授出陣儀式和首實檢的法則、如何發出歡呼聲等，帶有咒術師性質。

可是到了戰國時代，隨著戰爭樣貌複雜化，軍師的立場逐漸轉變成在各個領域給予建議。首先是自身擔任大名的名代，率領大軍指揮戰場的參謀型。參謀在戰場上大多是最高指揮官，戰國末期在大坂之陣表現亮眼的真田幸村（信繁）、後藤又兵衛就屬於這類。同樣也是擅長兵法，自始至終都在君主身旁獻計的則是策士型。協助豐臣秀吉成就霸業的「竹中半兵衛」和「黑田官兵衛」、在背後默默支持德川家康的「本多正信」，都是屬於這一型。這種分析情勢、提出致勝策略的類型，或許比較接近一般軍師的形象。

軍師活躍的場面不是只有戰場而已。擅長外交的交涉型軍師有時會被要求居於中立立場，因此大多任用僧侶。由於他們也精通漢籍古典，因此能周旋於大名之間進行交涉，或進出朝廷等，能在廣泛的領域輔佐主君。至於精通內政的官僚官吏型則以「石田三成」為代表。他們不僅精通內政和財政，在戰時也能管理兵站，對維持戰線貢獻良多。

軍師的職務

在戰國大名身旁輔佐的軍隊參謀

軍師作為構思戰術的參謀，是軍隊中不可或缺的存在。戰國時代的軍師源自陰陽師，因此也帶有咒術師的性質。下面就來深入追蹤軍師的工作。

軍師主持的儀式

軍師為與軍隊儀式有關的重要職務，是不可或缺的存在。

切斷上帶

切斷鎧甲上帶的儀式，以示「絕不脫掉鎧甲」的必死決心。

上帶

抽籤

以抽籤來占卜出陣的日期、時間和方位。有時也會在祭祀軍神的神社舉行。

占卜吉凶

日期、時間和方位都有吉凶之分。精通陰陽道和修驗道的軍師會占卜吉凶。

大麻

擬定戰術

通曉兵法的軍師向主君提出該如何打敗敵軍等戰術方案和建議。

祈禱戰勝

為了出師告捷，向軍神祈求勝利。若是咒術師型的軍師，甚至還得準備活祭品。

戰國時代的行軍
以總大將為中心進行編制

❖ 行軍之際的序列
蘊含深重意義

戰國大名的軍隊在前頭打著旗印，意氣風發地進軍。當然行軍也有一定的規矩。出發前往戰場之際，一般認為軍隊會分成「前軍、中軍、後軍」三隊行軍。後軍的後方緊接著兵站部隊「小荷馱隊」，此乃基本隊形。

當然也不是每次行軍都一定會遵守上述順序。舉例來說，據說在桶狹間之戰，織田信長從清州城衝出來時，身邊僅帶著小姓等數騎士兵。在信長的生涯當中，多次發生總大將身先士卒，部隊則三三兩兩跟隨在後的場面。

前軍、中軍和後軍分別是由複數個「備」所構成。前軍又名先手，位在軍隊的前頭，會放出斥候探察敵情，若遇到敵人就會立刻變成戰鬥部隊，因此精銳部隊大多配置在此。總大將所在的本隊稱作中軍。總大將周圍有直屬小姓、旗本和馬廻。除了保護總大將的任務之外，中軍在戰役中鮮少有機會壯烈戰鬥，不過在秀吉和柴田勝家爭奪信長死後霸權的賤岳之戰中，年輕的加藤清正和福島正則等秀吉的小姓全力奮戰，威名傳遍天下。總的來說，擔任後方警戒任務、當前軍和中軍進入戰鬥之際擔任坐鎮後方的後軍，都屬於二軍部隊。

身分高貴的騎馬武士身邊都會跟隨著名叫「又者」的非戰鬥員。他們除了負責搬運騎馬武士的長槍等物品外，在戰場上則會解救主君、協助肉搏戰鬥的主君等，雖然他們並非正規武士，卻是戰場上不可或缺的一員。

備和行軍

認識戰國時代特有的基本陣形

「備」是大將指揮軍隊時的最小單位。各備採用兵種編制方式，即依照武器種類來分組的編制方法。為了在遭遇敵軍時能夠隨時應戰，行軍中也會配合布陣而列隊。

騎馬武士

騎馬武士是戰場上的明星。不過，只有擁有一定領地的人才能擔綱此職。

槍持　　　　　　　　負責牽馬的口取

長柄槍組

戰國初期在最前線戰鬥的主力部隊，鐵炮普及後大多擔任防禦和護衛的任務。

鐵炮組

在戰爭打頭陣的高火力部隊。到了戰國後期人員大增，成為軍隊的主力部隊。

弓組

弓組具備速射性和連射性等，不受天候左右且戰力極高，非常重要。

戰國軍隊的主要結構

戰國時代的軍隊主要分成前軍、中軍和後軍。此外，一個「備」通常都是由鐵炮組、弓組、長柄槍組、騎馬隊、小荷馱（※參見下一頁）所構成。軍隊愈龐大，「備」的數量也愈多。

戰國時代
負責輸送士兵物資的名配角

對應人物 ▷	大名	武士	足輕	備兵	農民

對應時代 ▷	室町後期	戰國初期	戰國中期	戰國後期	江戶初期

❖ 負責支撐大規模戰役的
兵站部門「小荷馱隊」

戰國初期的戰役規模較小，大多幾天內就能分出勝負。因此靠所有士兵各自攜帶的腰兵糧和當地採購就足以應付，可是戰國中期以後，人數破萬的龐大軍勢對峙長達數個月甚至數年的長期戰逐漸增多。因此，大名就得準備長期戰用的兵糧。

負責輸送兵糧的部隊是「小荷馱隊」，由被稱作小荷馱奉行的武士負責安排馱馬從本國輸送貨物，並管理搬運到徵用當地人馬事宜。擔任小荷馱隊的並非士兵，而是自農村徵召男性來進行輸送物資的搬運，因此負責運貨的馬不是軍馬，而是農耕馬。由於需要輸送作為主食的白米、味噌、鹽，以及用作馬飼料的大豆、稻草和乾草等，因此一匹馬約載二～四袋米

袋。除了上述兵糧之外，還得輸送武器及備用的武器防具、箭和子彈、火藥等消耗品，以及在戰地搭建陣地用的鐵鏟、鋤頭等土木工具。

由於小荷馱隊大多為非戰鬥人員，戰鬥力等同於零，不僅行軍速度緩慢，一旦遭到敵軍襲擊軍隊恐怕就會潰散，換言之就是軍隊的弱點。因此會派遣少數戰鬥部隊擔任小荷馱隊的護衛。這支護衛隊同時也擔任監視工作，避免陣夫攜帶兵糧逃跑。

隨著時代變遷，軍隊勢力愈來愈龐大，小荷馱隊陣容也變得愈充實，不過在小荷馱隊系統化較晚的地區，例如長宗我部氏所在的土佐和島津氏所在的薩摩，可以看到士兵各自攜帶鎧甲、長槍和兵糧奔赴戰場的情景。連坐擁精銳士兵的長宗我部氏和島津氏都敗在崛起於中央的秀吉面前，由此可知輜重和兵站的重要性。

小荷駄隊

搬運糧食和修建用材的名配角

小荷駄隊在戰爭中無須戰鬥，負責搬運兵糧、武器、煮飯用具及修建陣地的工具。在戰役長期化之際，確保兵糧是獲勝關鍵，因此在軍中招募人員就成為一大課題。

小荷駄隊的編制

行軍速度慢且戰力差的小荷駄隊，常成為敵軍的目標。

小荷駄奉行

作為小荷駄隊的護衛和監視員，被配置在隊伍的前頭。

搬運馬

一匹馬能裝載的米袋量約二～四袋。

陣夫

陣夫負責搬運資材，因為是非戰鬥人員，不用戰鬥。

搬運的物品

小荷駄隊在長期行軍和籠城戰負責支撐軍團。他們究竟輸送了哪些物資呢？

米袋

作為主食的米當然不可或缺。此外也會搬運味噌和鹽。

武器防具

上級官職武士的武器都交由小荷駄隊搬運。

可用馬以外的方式搬運嗎？

戰國時代的道路基本上都崎嶇不平，所以主要用馬進行搬運。那麼其他方法又如何呢？

牛

雖然也有用牛搬運，但是步行速度太慢。

荷車

據說荷車用於搬運是在江戶時代以後的事。

從軍期間意外地餐餐溫飽!?

| 對應人物 ▷ | 大名 | 武士 | 足輕 | 傭兵 | 農民 | | 對應時代 ▷ | 室町後期 | 戰國初期 | 戰國中期 | 戰國後期 | 江戶初期 |

❖ 餓肚子可沒辦法戰鬥！戰場上的飲食大揭密

戰國時代處於小冰河期，基本上是個常鬧飢荒的時代。足輕只要拿出戰果就能分配到糧食，甚至有貧窮的村落為了減輕家計負擔而派出人力。

行軍中的足輕一天分配到五合（約0.9L）白米，戰爭時則會加倍，分配到一升白米。當然，分配量會視各大名和領主的斟酌而有增減，實際在戰場上也有每人一天分配到五合五勺到六合白米的例子。另外，若是一次性分發白米的話，恐怕會被士兵拿去偷釀酒，因此採隔幾天分次分配。

光吃米飯當然還不夠，也會分配調味用的味噌和鹽，甚至還會另外分配個人攜帶用兵糧。例如「芋繩」是將芋頭的莖以味噌燉煮後綁成繩狀製成，切碎後用熱水泡就會變成有配料的即食味噌湯，這類野戰用行動食就是現代的「野戰口糧」，在戰國時代就已經存在。

相較於麵包，白米不僅水火缺一不可，也需要花時間調理，不適合作為戰場食材。因此若一天分到一升米的話，食用方式如下：早上煮五合米，早餐吃兩合半，中午則一邊煮兩合半米，一邊吃早上煮的另一半米飯，這樣因突然開戰無法煮飯時，身邊也能預留一餐份的米飯。此外，足輕還會攜帶以煮好的米飯乾燥製成的「乾飯」作為非常食，可以直接啃食，若時間充裕還可以加水或熱水還原食用。生火需要有木柴，無法準備木柴時，則用乾燥的馬糞來代替燃料。

雖然軍中飲食不算豐盛，對貧窮農民而言卻是能餐餐溫飽的優渥環境。

軍隊的動向

從軍時的各種問題

行動食

自備三天份糧食是戰國時代的「法則」

關於戰役中的糧食，足輕必須自行準備出陣後三天份的糧食。因此方便保存的糧食相當便利，下面就來檢驗足輕實際攜帶的糧食。

足輕的行動食是？ 足輕會將糧食纏掛在身上攜帶行軍，也就是帶便當參戰。

兵糧袋

足輕會將數串袋子斜掛在身上，此即兵糧袋。袋內主要裝的是米飯。

乾飯

將蒸好的米飯清洗至沒有黏性後曬乾製成。可直接食用或是倒入熱水還原。

打飼袋

又名打違袋。是將棉布製成袋狀，裡面可裝入糧食。

梅乾

除了作為糧食食用外，也可當作消毒藥。

乾味噌

將乾燥的味噌搓圓製成的保存食。有的也會製成板狀。

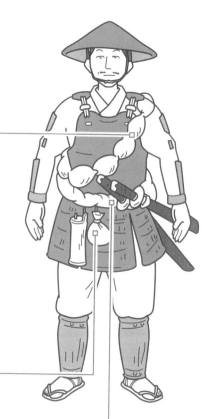

芋繩

將小芋頭莖的部分以味噌燉煮，乾燥後編成繩狀製成的食品。

行軍第四天起配給哪些糧食？

三天份的糧食吃完後，從第四天起大名就會分發食物。由於米為主食，可想而知會分發白米，其他還有供應哪些糧食呢？

....

| 配給食的種類 | 因為在行軍中，雖稱不上豪華大餐，卻也準備了各式各樣的糧食。 |

珍味

分發自當地山上或大海捕獲的食材作為糧食，有獸肉、魚、山菜等，種類相當豐富。

味噌

除了烤味噌、火炙味噌外，隨地區不同也會分發八丁味噌。

飯糰

除了紅米和黑米外，甚至還會供應白米飯，不過裡頭沒有配料。

戰國檔案

用配給食擴大軍事力！

據說在戰國時代第一個供應配給食的就是織田信長。由於戰國時代飢荒不斷，有不少人為了配給食而參戰。

鹽

鹽是維持人類生命不可或缺的物質。每天配給0.1合（15g）作為米飯配菜。

非常食

行軍中的飲食還有其他多種食物

光吃米飯、味噌和鹽也會吃膩。此外，行軍一整天都在緩步前進，肚子當然會餓。除了米飯外，參戰的足輕也會吃各種糧食。

非常食的種類

有的很耐放，有的可就地取得，想方設法免於飢餓。

雞蛋

雞蛋的保存期間長，營養價值高，行軍時常會攜帶。

兵糧丸

將米、蕎麥粉等數種穀物粉混合製成的保存食。

樹果

容易取得的樹果是戰國時代珍貴的蛋白質來源。

其他糧食內情

為確保糧食，除了從本國攜帶外，也會採用其他方法取得。

行商

透過商人籌措糧食。也有大名僱用的商人。

刈田狼藉

有時也會強行收割敵方田地的農作物作為己軍的兵糧。

131

確保飲用水
比確保食物還困難

❖ **比食物更迫切的問題**
確保飲用水大不易

　幾天沒進食身體還不會有問題，幾天沒攝取水分就會攸關性命。就連水源豐沛的日本，在戰爭時確保飲用水也是生死問題。分配給足輕的水為一天一升（約1.8L），不過在行軍中或是戰場上不一定能保證隨時有乾淨的水源。在籠城戰時，許多城因遭到圍城軍隊切斷水源而淪陷，由此可知如何確保水源會左右戰爭的走向。

　儘管是攻城方，也不能保證環境水源豐沛。想在不熟悉的場所尋找水源地相當困難，水井也有遭人投毒或倒糞的風險。

　另外，即使飲用河川的水，上游也可能遭人故意流放髒東西，若是有戰死的士兵或牛馬的屍體泡在河川中，喝了就會染上痢疾。所以最好將水煮滾後再飲用，或是將杏子（敲開杏子的種籽，核內的柔軟部分為杏仁，可作為藥用）或本國農田的田螺乾加入鍋內並裝滿水，取最上層清澈的水來飲用。

　沒辦法煮水或是準備杏仁和田螺，可是又口渴不已……這時，也會用布過濾泥巴水，取上層清澈的水飲用，或是啃咬草木吸取水分。

　據說籠城方一旦遭到斷水，甚至會飲用屍體的血。這幕地獄般的光景，在戰場上可說是家常便飯。在戰場上，確保飲用水遠比敵方的箭林彈雨更攸關士兵的生死。

水分補給

為了解渴也會啃草木

水分補給和糧食補給同樣令人在意。和水龍頭一轉就有水的現代不同，在當時確保水源並不容易。下面將詳細介紹戰國時代補給水分的方法。

水分補給的方法　水分是維持人類生命不可或缺的物質。行軍中會使用各種手法來確保水分。

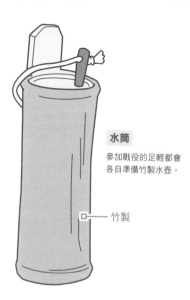

水筒

參加戰役的足輕都會各自準備竹製水壺。

竹製

以布過濾泥巴水

泥巴水也是珍貴的水分。先用布過濾，以免喝壞肚子。

啃咬草木

藉由啃咬周遭生長的草木來滋潤乾渴的喉嚨。

梅乾

望梅止渴

利用條件反射的殺手鐧。藉由流口水來解渴。

戰國檔案

較能安全飲用的是雨水

由於河水或井水可能遭敵方下毒，較能安全飲用的是雨水。那個時代不像現代，沒有空氣污染，可以安心飲用。

出陣、進軍的法則 其八

不需脫下就能解手
戰國時代的內衣

❖ 採用可以輕鬆解手的設計
隨時隨地解放都沒問題

　　江戶幕府的開山祖德川家康被稱為東照大權現，在江戶時代深受武士和平民的尊敬。元龜三年，家康在三方原之戰慘敗給武田信玄率領的上洛軍，在敗逃回居城濱松城的途中竟在馬鞍上拉屎，此一傳說廣傳於世（但根據近年的研究顯示拉屎的可信度相當低……）。聽到這段軼事，應該有不少人感到不可思議吧？「明明全身穿著甲冑，究竟要怎麼拉屎在馬鞍上呢？」

　　這個祕密恐怕就在袴的設計上。袴的構造為右腿和左腿部分分別縫成筒形，然後縫合在腰繩上，表面會加上許多重疊的刺繡，光從外觀不容易看出胯襠的開口。當然盤腿坐在房間等時，袴襠就會從正中央一分為二，露

出裡面穿的褌，不過重點在於騎馬和坐在折凳上的狀態下看不出裂縫。因為是採左右敞開設計，一蹲下自然就能從袴襠敞開的空隙舒服排泄。

　　直接解手的話當然會弄髒褌，不過這個時代的褌是將前褌（兜襠布）掛在脖子上的設計，即所謂的「越中褌」或「割褌」，只要解開前褌，覆蓋胯襠的部分也會鬆開，出現足夠的空隙。這麼一來不需脫下就能稍微鬆開袴襠，從空隙進行排泄了，就某種意義上可以說相當實用。雖然上完後直接綁好褌還是會弄髒，但畢竟在戰場上，只好忍耐了。

排泄

即使在戰時，也會有生理需求

與糧食及水分補給同樣讓人感到疑惑的就是排泄問題。是穿著鎧甲解手嗎？褌和下著又是什麼構造？下面彙整了各種令人在意的排泄「法則」。

排泄的法則 ｜ 戰國時代的褌和下著都是採方便隨時解手的設計。

前褌

將前褌解開後，胯下就會產生空隙。

籌木

當時不是用紙，而是用一種叫籌木的木片擦屁股。

割褌

穿著將前褌解開就可從空隙小解的割褌。

具足下著

穿在鎧甲下的內衣。胯襠有開口，不論在何處都能小解。

戰國檔案

如何洗手？

肥皂傳入日本是在戰國時代的1543年。不過據說到了明治時代後才普及到一般大眾。如果只是小解的話，一般認為不必特地洗手。

從軍時士兵是如何就寢？

對應人物 ▷	大名	武士	足輕	傭兵	農民

對應時代 ▷	室町後期	戰國初期	戰國中期	戰國後期	江戶初期

❖ 根本沒想過確保充足的睡眠 戰國時代的睡眠情況

在現在的戰爭中，都會讓士兵待在帳篷或是挖有洞穴的塹壕內抵禦風雨。有了能夠防寒的居住環境，士兵才能休息或睡覺。在戰國時代的戰爭中，士兵睡覺休息的狀況又是如何呢？答案是輕視……應該說，實際上當時並沒有列入考慮。籠城方在城內有能抵禦風雨的建築物，至於攻城方，只要在敵方城下町的民宅或搶奪的付城和城砦過夜，就能確保最低限度的睡眠，但如果是野戰可就沒辦法了。

以總大將為首的武將階級行軍時會搬運野戰築城用建材，建造簡易建築物等來撐過壞天氣。即便階級不足以搭建築物，光是有搭陣幕，風勢也會截然不同。至於足輕等下級士兵，連搭陣幕的資格也沒有。他們只能在樹下等忍受雨露，在不知是否還有明天的戰場上生存。話雖如此，若是在軍勢龐大的攻城戰或是長期對峙的野戰，還是會建造類似簡易長屋的足輕專用建築物。

北陸和東北地方等大名因冬季大雪覆蓋，基本上冬季不會出兵。因此戰役大多發生在春夏季節，氣候上在野外就寢也不會有問題。越後是上杉謙信的支配地，位於日本數一數二的豪雪地帶，謙信於春季到晚夏期間出兵關東和信濃，到了秋季收割期則打道回府，如此循環。不過對於不需擔心降雪的地區，正值農閒期的冬季才是出兵季節。在隆冬時受到征召，在寒風中從軍的足輕真是令人同情。

軍隊的動向

從軍時的各種問題

睡眠方法

戰國時代的戰士們在哪裡休息？

如果說肚子餓、產生尿意都是生理現象的話，那麼睡覺也同樣屬於生理現象。戰爭期間當然不可能一直維持清醒，必須找地方好好休息。究竟戰士們是在什麼地方休息呢？

陣城和付城

攻城戰時會修建野戰陣地，在此睡覺。

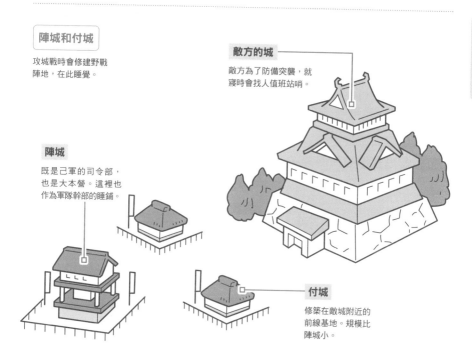

敵方的城

敵方為了防備突襲，就寢時會找人值班站哨。

陣城

既是己軍的司令部，也是大本營。這裡也作為軍隊幹部的睡鋪。

付城

修築在敵城附近的前線基地。規模比陣城小。

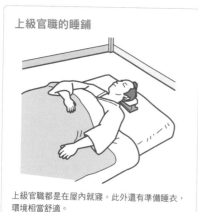

上級官職的睡鋪

上級官職都是在屋內就寢。此外還有準備睡衣，環境相當舒適。

足輕的睡鋪

足輕在屋外鋪蓆子露宿。遭到風吹雨淋的機會也不少。

戰國時代的療傷手段極其粗暴

❖ 諸如在傷口塗糞便等各種難以置信的民間療法

在手持刀劍打打殺殺的戰爭中，常有將兵負傷。當時是由人稱「金創醫」的醫生擔任處置傷口的軍醫，跟隨軍隊上戰場。其治療方式相當粗暴，像是使用鉗子（類似鐵鉗）使勁拔出刺進傷口的長槍等。此外，據說小卒足輕受傷大多只能由夥伴來處置傷口。

使用的治療手法以民間療法為主，像是服用具有消炎效果的五加木葉和薑粉，或是將魁蒿葉咬碎後敷在傷口上等。只是攜帶這些藥草的人是少數派，主流方法是隨手摘採附近的草敷在患部後再綁上布條。

另外，也會採用在傷口抹鹽、在燙傷處塗醬油等，光想像就覺得恐怖的粗暴治療。事實上，因鹽巴滲入傷口而痛到昏厥的人也不在少數。

儘管有些治療法是有一定效果的，但也有很多亂七八糟的處置方式。像是將烤焦的鼴鼠磨成粉、女性的陰毛用火燒過與油混合，或是將白粉與蛋白混合，塗在傷口上等。使用具有凝血作用的蛋白來處理傷口是唯一看似有用的作法，但由於生雞蛋細菌含量多，恐怕會得破傷風。

不僅如此，甚至還有在傷口塗糞便，或是為了去除腹部積血，讓傷者服用以葦毛馬的血和糞便煮滾製成的液體等各種令人嘆為觀止的療法。將不衛生的糞便塗在傷口上所造成的破傷風風險，是遠遠超過生雞蛋的。

順帶一提，開始對刀所造成的刀傷實施縫合等外科治療，據說是在西洋醫術傳入的戰國時代末期以後。

| 治療方法 |

諸如喝馬糞汁等令人瞠目結舌的粗暴治療

在互相傷害的戰爭中，負傷在所難免。儘管如此，在醫療並不發達的戰國時代，治療手段可說是相當粗暴。下面就來介紹各種驚人的治療方法。

在戰場上處理傷口　在戰國時代，會實施各種充滿獨創性的療法來治療傷兵。

接連出現痛暈的
患者。

著名的粗暴治療　事蹟

甘利信忠的軼事（年代不詳）

為了讓被鐵炮射傷的米倉重繼之子彥二郎喝下馬糞汁，甘利信忠身先士卒飲用。

取出子彈

將負傷士兵身體固定住後，用鉗子以蠻力取出子彈。

馬糞汁

將馬糞倒入水中煮滾後給傷患喝。

戰國檔案

縫合治療沒有打麻醉

西洋醫療於戰國時代後期傳入，可實施縫合手術。話雖如此，手術治療時打麻醉是江戶時代以後的事。可想而知，治療時也會伴隨著劇烈疼痛。

足輕的武器防具不是自備，就是租來的

對應人物	大名	武士	足輕	備兵	農民

對應時代	室町後期	戰國初期	戰國中期	戰國後期	江戶初期

❖ 從武器到糧食 備戰全靠自己

根據寫成於江戶時代，介紹足輕小卒經驗談的兵法書《雜兵物語》，可知每逢出征時，足輕必須自行準備各種物品。

首先是戰爭中不可或缺的刀等武器和防具。在電視或電影的戰爭場景中，常會看到足輕隊全體裝備相同的具足，於是產生具足是部隊分發品的錯覺，但實際上足輕須自行籌措具足。

一般以長約60 cm左右的腰刀作為武器，沒有刀的人就拿農耕時使用的鐮刀和鋤頭當成武器。另外，足輕使用武器的認可也會隨大名而異，像是薩摩的島津家准許拿竹槍當作武器，上杉謙信則規定有攜帶長槍和鐵鍬的義務等。防具也是一樣，必須各自攜帶鎧甲、籠手、臑當和陣笠等。

無論如何也籌措不了武器和防具的人，大名家也會準備御貸刀、御貸具足等租借品租借給這些人。

除了武器和防具之外，足輕需要準備的東西還很多。主要攜帶品有：設置防衛設施用的劈刀和鋸子、應對負傷和腹痛用的藥品、睡覺時使用的蓆子和預備用的草鞋等。若是鐵炮足輕，還得加上火繩和打火石等點火道具，行李相當多。

不僅如此，在129頁也介紹過足輕必須準備三天份的糧食。在這樣的狀態下，足輕不僅得長距離行軍，還得和敵方戰鬥。儘管如此，他們仍賭上自己的人生，奔走於戰場。

御貸具足

足輕透過租借武器防具提昇戰力

戰國時代需要大量步兵。對於無法自行準備武器防具者，各國君主都會提供武器防具租借，這也使得戰場上的戰力有飛越性的提昇。亂世也變得愈來愈混沌。

御貸具足的內容

究竟哪些部分是租借品呢？
下面就來詳細介紹御貸具足。

籠手

足輕常需從事土木工作，因此省略手甲部分。

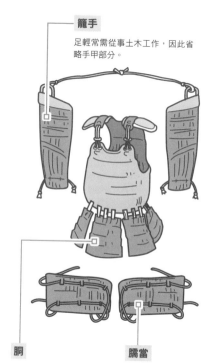

御貸槍

三間～三間半長的長槍。槍穗部分以兩刃為主流。

胴

使用鐵板製成，卻無法防禦鐵炮子彈。

臑當

由於是量產型臑當，防禦性並不高。

戰國檔案

缺乏防禦性但機動性卓越

和其他武士相較之下，身為軍隊底層的足輕裝備不僅粗製濫造，防禦力也極為脆弱。不過揮動起來相當輕巧，可確保「足輕」的高機動力。

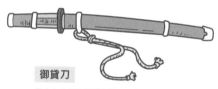

御貸刀

是土木作業也能使用的刀，類似劈刀。

自備武器盡是劣等貨

在武器防具量產體制和技術均未完備的戰國初期，沒有御貸具足就只能自行準備武器。下面就來看足輕們究竟是拿什麼樣的武器在戰鬥吧。

自備武器的種類

參戰的足輕幾乎都是農民。武器以農具為主。

竹槍

用竹子削製成長槍。幾乎可說是免費入手的簡易武器。

鐮刀

割草時使用的道具。作為武器的威力不強。

鋤頭

鋤頭是耕田時不可或缺的農具。戰鬥力當然很低。

石頭

幾乎可說是免費入手，但能有效應敵。

木刀

用木材削製而成的刀。除非瞄準要害，否則殺傷力不高。

陣笠

戰國時代的陣笠設計大小各不相同

在電影和戲劇的戰爭場面中，最常出現的就是頭戴陣笠的足輕。足輕們戴上整齊劃一的陣笠令人印象深刻，但實際上陣笠是足輕各自準備的，設計大小各不相同。

各式各樣的陣笠

自備陣笠的規格沒有統一，各自攜帶喜歡的陣笠參加戰役。

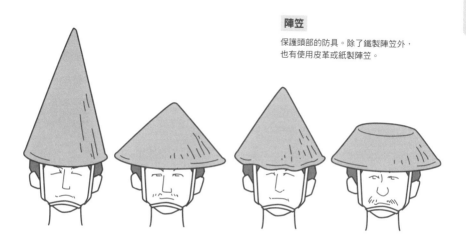

陣笠

保護頭部的防具。除了鐵製陣笠外，也有使用皮革或紙製陣笠。

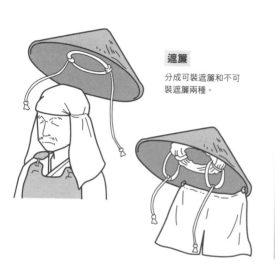

遮簾

分成可裝遮簾和不可裝遮簾兩種。

戰國檔案

陣笠也能當鍋子用？

據說將陣笠翻過來當作鍋子使用是江戶時代以後的事。戰國時代的足輕則須自備鍋子到戰場。

有空就賭博，
甚至有人連衣服也輸光!?

對應人物 ▷ | 大名 | 武士 | 足輕 | 傭兵 | 農民

對應時代 ▷ | 室町後期 | 戰國初期 | 戰國中期 | 戰國後期 | 江戶初期

❖ 飲酒、賭博、買春
貪圖享樂的士兵們

　　戰爭持續好幾個月是很稀鬆平常的事。尤其是籠城戰，甚至得打好幾年。在沒有戰鬥、長期對峙的狀況下，陣地內的士兵們都是怎麼過日子的呢？答案是賭博和買春。

　　賭博以擲骰子賭錢最受歡迎。對這群可能在明天的戰役中戰死的士兵而言，金錢不大重要，賭的對象包括糧食、衣物和武器防具。據說甚至有人輸得一敗塗地，連身上衣服全都輸光，結果光著身體手拿竹槍上戰場。不僅如此，還有許多人以向大名家租來的御貸刀和御貸具足為賭注卻輸掉，後來陣地內便發布了賭博禁止令。

　　另一方面，關於買春，據說早在平安時代就已經有這種習慣了。買春是在地長者等僱用娼妓外派到陣地，在當時，娼妓可不是一般足輕能買得起的。不過在之後，出現了以更便宜價格賣身的御陣女郎。在此契機下，買春也成了足輕的陣地娛樂之一。

　　集體賣春的御陣女郎會選在戰爭告一段落時出現在陣地。儘管錢掙得多，但畢竟得前往不知何時會開戰的戰場上，她們也可說是賭上了性命。

　　此外，也有許多商人來陣地從事各種買賣，諸如賣酒、糧食和煙草、修理武器、醫生、收購從敵兵身上搶來的武器防具等，種類相當豐富。任何商品的價格都比市價高，不過在物資缺乏的戰場上，商人是相當可貴的。

　　在與死亡只有一線之隔的極限狀態下，士兵們飲酒、賭博、玩女人，使陣地呈現猶如祭典般的熱鬧景象。

消遣	**戰國時代也有閒暇時間**
	戰國時代雖為戰亂之世，但也不可能一天二十四小時都在打仗。當然也有閒得發慌的時候。這時，戰場上的人們都會做哪些事消遣呢？

戰場的消遣　人一有多餘的時間就想玩樂。戰國時代的人當然也喜好娛樂。

賭博

擲骰子賭錢最受歡迎。甚至有人連衣服也輸光！

足輕兵

買春

上級官職者花錢買娼妓作樂。足輕是消費不起的。

上級官職者

飲酒

找商人賣酒，舉辦飲酒狂歡樂的宴會。

商人

溫泉治療刀傷最有效！
武田信玄最愛的祕密溫泉

即使在現代，依然能帶動經濟的武田信玄

戰國時代，人們在戰爭中負傷常會去泡溫泉。甲斐名將武田信玄也是其中一人，據說從信玄父親信虎那代起，都會到位於現在山梨縣的下部溫泉泡湯療傷。此外，有「信玄的祕密溫泉」之稱的溫泉以山梨和長野為中心，就多達二十多處。甲斐國位於山岳地帶，所以有許多溫泉，而光是與信玄有關的溫泉就有這麼多，當中或許也有根本毫不相干的溫泉。話雖如此，「信玄的祕密溫泉」這句標語至今仍繼續沿用，信玄在各地的溫泉地也持續創造需求。即便在現代，山梨縣的人仍敬稱信玄為「信玄公」，原因或許就在這裡。

第三章

暗地操作、戰後的法則

在勝利即正義的戰國時代，暗地操作是不可或缺的一環，因為正面進攻的戰爭只會讓傷亡人數增加。在本章中，連同有別於其他時代的戰後處理「法則」都會一併詳細介紹。

戰國時代的外交策略極其殘酷

對應人物 ▷	大名	武士	足輕	傭兵	農民	對應時代 ▷	室町 後期	戰國 初期	戰國 中期	戰國 後期	江戶 初期

❖ 以聯姻和互換人質作為締結同盟的擔保

四周環敵的戰國大名為了守護自國或擴大領地，一定會需要同盟策略。這種戰略是與利害一致的他國組成聯合戰線，多數情況下都會以聯姻或提交人質作為擔保。

甲斐武田家、相模北條家和駿河今川家所締結的甲相駿三國同盟是相當有名的同盟。結盟當時，武田家公主嫁到北條家，北條家公主嫁到今川家，今川家公主則嫁到武田家。這幾位公主表面上以正妻身分嫁到同盟國，實際上卻是人質，一旦同盟背叛就會被毫不留情地殺掉。順帶一提，後來武田家背叛桶狹間之戰後勢力衰退的今川家，甲相駿三國同盟因此解體。當時，北條家將武田家公主平安無事地送回，不過這算特殊事例。

另外，為鞏固背後的防禦而與鄰國結盟，稱作近國同盟。

相對於近國同盟，與遠國聯手夾攻鄰近敵國，稱作遠交近攻同盟。織田信長為攻陷鄰近的齋藤家而與淺井家結盟，就屬於這一類型。當時，信長將妹妹阿市嫁到淺井家。

關係對等的同盟一般都以聯姻做擔保。另一方面，諸如對大國證明忠心順從、防止家臣反叛等立場較弱者向強者提交擔保的就是人質。主要對象是孩子、妻子、父母等血親。最有名的軼事就是德川家康從六歲到十九歲為止，一直以人質身分前後待在織田家和今川家。

另一種強化與他國關係的手段，就是收養養子。長男必須繼承家督，因此對象大多是次子或三子。無論如何，在大名家或是武將家中，血親無疑是最強有力的政治棋子。

與利害一致的勢力組成共同戰線

戰國大名為維護領國的和平或是侵略他國，會與他國締結軍事同盟，這是在弱肉強食的時代生存的必要手段，也可說是戰國時代「戰爭的法則」。

情報戰略

戰後處理

近國同盟

地理位置相近的國家所組成的同盟。可藉由組織聯軍提高軍事力量。

著名的近國同盟 事蹟

甲相駿三國同盟
（1554 年）

甲斐的武田信玄、相模的北條氏康和駿河的今川義元聯手，締結三國同盟。

也有藉由與近國攜手合作，在侵略他國時可避免自國遭襲的目的。

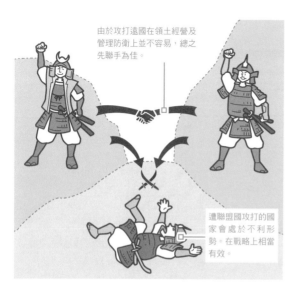

由於攻打遠國在領土經營及管理防衛上並不容易，總之先聯手為佳。

遠交近攻

地理位置相隔遙遠的國家聯手結盟，攻打附近的國家。

著名的遠交近攻 事蹟

第一次信長包圍網
（1570 年）

以武田信玄、朝倉義景、淺井長政等勢力聯手包圍織田信長廣為人知。

遭聯盟國攻打的國家會處於不利形勢。在戰略上相當有效。

女兒成為戰國大名手上的棋子

大名的女兒被用來當作同盟的保證，作為政治策略的一環，被迫嫁到同盟國。為鞏固同盟關係，女性也要努力奮鬥。

政治婚姻的類型

政治婚姻的類型主要有三種。大名的女兒也被當成政治道具。

鄰國的少主

將女兒嫁給友好國的少主來鞏固關係。

大名的公主

結婚對象由他人決定，不管自己願不願意。

優秀的家臣

將女兒嫁給優秀的家臣來強化主從關係。

敵國大名

將女兒嫁到敵對國作為同盟的保證。

戰國檔案

有時候也會收養子！

遭到政治利用的不只女兒。為強化兩國的關係或是篡奪他國，也會將兒子過繼給他國作養子。

人質

人質是避免背叛的擔保

在戰國時代，何時遭人背叛都不奇怪。為避免遭到背叛，大名會要求同盟對象和家臣提交人質作為擔保。大名和家臣的血親也被教導要有被當成人質的覺悟。

人質的類型

成為人質的對象以妻子、血親、兒子等親人居多。

母親
為強化同盟關係，母親也會作為政治棋子。
人質
戰國大名
連自己家人也作為政治利用的工具，除了用來強化與他國的關係之外，還能作為諜報員探察情報。
人質
側室
在家族關係中地位低的側室不被列入人質對象。
正室
為了抬高對方身價，連正室也會被當成人質！
人質
人質
庶子
就算是側室所生，也會被當成人質。
嫡子
遇到重要同盟時，會交出嫡子為人質作為保證。

column　家人也是一種政治上的武器

戰國大名除了藉由嫁女兒、兒子過繼給人當養子、送出家人當人質來作為同盟的保證外，也會將家人送入他家擔任諜報員。戰國大名的家人既是政治道具，也是武器。

能利用的就利用
戰國時代的間諜活動

對應人物 ▷	大名	武士	足輕	傭兵	農民

對應時代 ▷	室町後期	戰國初期	戰國中期	戰國後期	江戶初期

❖ 拉攏忍者和商人 以獲取他國情報

有句話說：「掌控情報者就能掌控戰爭。」無論是過去或現在，要贏得戰爭，獲得對方的正確情報都是最重要的。在戰敗就等於死亡的戰國時代，在蒐集敵國情報這方面，比現代人更投入。

想得知敵國情報，最有效的手段是利用間諜，因此忍者受到大名重用。

忍者原是獨立勢力的地侍集團，後來被鄰近大名僱用從事間諜活動。

另外，忍者這個稱呼其實到現代才根深蒂固，當時忍者的名稱是隨地區和雇主不同而異的。

最具代表性的忍者集團有：德川家康所提拔的伊賀者和甲賀者、侍奉北條家，以風魔小太郎為首領的亂波、侍奉武田家的透破、侍奉上杉家的軒

轅、伊達政宗所組織的黑脛巾組等。

他們會裝扮成農民或商人進行間諜活動，有時會在敵國娶妻，也有親子兩代、甚至到三代都繼續從事間諜活動的例子。

商人與忍者同為間諜活動不可或缺的一環。說起商人，往往給人開店做買賣的印象，不過在當時，商人普遍都是周遊各國行商，因此有不少精通各國內情的商人。大名會藉由准許商人獨占販售權，以獲得各國情報。

除此之外，大名也會透過其他手段獲取他國情報。舉例來說，據說武田信玄和上杉謙信是透過像商人一樣遊走全國各地的步行巫女、山伏和高野聖（一種遊走各地進行勸募的僧侶）等，獲取有關各國內情、地理、大名和家臣團能力等重要情報。

間諜活動

情報就是命脈！ 戰國時代的間諜戰

戰國大名平時會蒐集各種情報。擔任間諜的角色，以忍者最有名，其他也有利用商人或巫女蒐集情報的例子。

間諜活動的擔綱者

為了在戰國亂世活，大名必須僱用間諜。

忍者

扮成農民或商人，周遊各國蒐集情報。

商人

以提供情報作為交換來獲得獨占販售權。

著名的商人　事蹟

茶屋四郎次郎
（1545～1596年）

德川家康的御用商人。以提供家康京都一帶的情報作為交換，獲得吳服專賣契約。

戰國大名

僱用忍者或與商人合作來獲得情報。

步行巫女

走遍全國的巫女。其中也有人是女忍者。

---

column 也有扮成僧侶的忍者

據說日本中國地區的霸者毛利元就擅長派遣忍者進行間諜活動。其麾下除了人稱「世鬼一族」的忍者集團外，也有被稱作「座頭眾」的忍者集團。順帶一提，座頭是指眼盲的人，表面上做僧侶打扮。

欺瞞哄騙，陷害敵人
戰國時代的政治操作

對應人物 ▷	大名	武士	足輕	備兵	農民		對應時代 ▷	室町後期	戰國初期	戰國中期	戰國後期	江戶初期

❖ 策反和誘導敵軍
將戰爭導向勝利

拿到透過忍者和商人蒐集到的敵國情報後，會馬上進行分析，用於各種計略。比方說，若敵方君主是個暴君，家臣團積怨已深，就能勸說其家臣擔任內應，提供情報。也會準備待遇優渥的職位，拉攏優秀武將。若對方不接受的話，則散播謠言孤立該武將，藉此引發內亂。

此外，讓潛入自國的敵方忍者獲取假情報，或是在敵地散布假情報，製造自軍有利的狀況，這在戰爭前的諜報戰中相當重要。

中國地區的霸者毛利元就堪稱是戰國大名中的諜報戰行家，他在戰力差距極大的嚴島之戰中，展開各種情報戰，最終以少勝多。戰前，元就散布了「有重臣疑似謀反」的謠言，企圖削弱敵方；在戰時，他又放出「毛利方有人反叛」的情報，成功誘出敵方。結果，元就擊潰了兵力比己軍多五倍的敵軍，贏得勝利。

另外，相模北條家第二代當主氏綱在擴大勢力之際，也以城主之位和廣大領土為誘餌，策反敵方重臣。

而在1600年的關原之戰，德川家康率領的東軍散布「攻打石田三成的居城佐和山城」的假情報，藉此將固守城池的西軍引誘到關原。家康將戰場轉移到自己擅長的野戰場地，使戰況對自己有利，短時間內便贏得勝利。

上述這些計略活動的成功事例，在在證明了諜報戰的重要性。

計略活動

不需消耗己方兵力就獲勝

如果能透過情報操作使敵對國家鬧內鬨，就有可能不戰而勝……。當時的戰國大名無不在計略活動上費盡心思。

內應

內部的人暗中勾結敵方。又稱作內通。

著名的內應 事蹟

高輪原之戰（1524年）

北條氏綱策反扇谷上杉家家臣太田資高，攻陷江戶城。

「以甜言蜜語誘惑敵國重臣」來攻陷敵國領主的戰略。戰國時代發生不少家臣叛變或謀反，其中也有不少是與敵國裡應外合的情況。

離間

使交情好的人失和、感情破裂的擾亂戰術。

著名的離間 事蹟

毛利元就的離間計（1555年）

毛利元就散布謠言，使陶晴賢誅殺重臣江良房榮，陶家因而式微。

散播不實傳言，使感情深厚的敵方領主和家臣「失和」的戰略。一但缺少家臣，該國國力就會減弱，露出破綻。

流言

散播毫無根據的流言蜚語。又稱作流說。

著名的流言 事蹟

關原之戰（1600年）

德川家康對西軍散播假情報。這項情報導致石田三成兵敗關原。

讓敵方獲取假情報「使敵人自滅」的戰術。比如在敵方領國內發射箭文，或是派忍者散播假消息。

雖然原始，速度卻挺快！
傳達訊息的狼煙接力

對應人物 ▷	大名	武士	足輕	傭兵	農民

對應時代 ▷	室町後期	戰國初期	戰國中期	戰國後期	江戶初期

❖ 藉由狼煙連繫支城 建構情報網絡

在既沒有電話也沒有郵件的戰國時代，大名們是如何傳遞情報的呢？

一般而言，使者會利用快馬來傳遞書信和情報。可是據說當時的馬和現在的純種馬不同，體型矮小且腿短，時速最多只有30～40km，並不適合用來傳遞戰爭情勢等緊急情報。

而狼煙是快速傳遞情報的最有效手段。狼煙雖不能傳遞複雜的情報，但只要事先決定顏色和時間，就能將正確情報及早傳到本城。戰國大名的領內除了作為根據地的本城外，還有由親戚和重臣擔任城主的支城，以及眾多連繫本城與支城的小規模城。將這些城進行有效配置，就能建立情報傳達網絡。

另外，小規模的城當中還有負責國界警備的「邊界之城」、配置在重要中繼地點的「連繫之城」，以及設置在城與城之間用於聯絡的「傳達之城」。上述這些城會盡可能興建在位置較高的地方，以便點燃狼煙之際從遠方也能夠看清。

據說武田信玄相當熱衷於建構狼煙情報網絡。信玄的死對頭上杉謙信即將進軍川中島的緊急通知，僅花費兩小時就傳達給了位在本城的信玄。鄰近川中島的信濃海津城與甲斐躑躅崎館（本城）相隔約160km，由此可知，狼煙是相當好用的傳遞訊息方法。

不過，風勢大的日子無法使用狼煙。這時就會改用鐘、太鼓、法螺貝等，透過聲音來傳遞情報；在看不見煙霧的夜晚，則會用火來傳遞消息。

情報傳達

迅速傳遞情報是勝利關鍵

儘管理所當然，不過戰國時代還沒有電子郵件和手機，當時究竟是採用什麼樣的情報傳遞系統呢？日本全國多達五萬座的城似乎與此有著密切的關係。

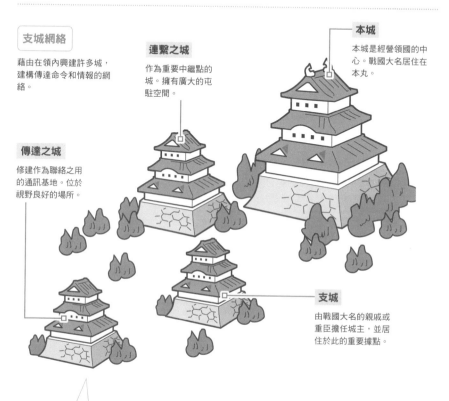

支城網絡

藉由在領內興建許多城，建構傳達命令和情報的網絡。

傳達之城

修建作為聯絡之用的通訊基地。位於視野良好的場所。

連繫之城

作為重要中繼點的城。擁有廣大的屯駐空間。

本城

本城是經營領國的中心。戰國大名居住在本丸。

支城

由戰國大名的親戚或重臣擔任城主，並居住於此的重要據點。

主要傳達手段

狼煙

隨著燃燒物品的不同，煙霧顏色會不一樣，藉此傳遞暗號。

其他傳達手段

除了使用狼煙接力形式來傳達情報外，還有派遣使者、在狗或鴿子身上綁上文書傳遞等方法。

使者　　**狗**

鴿子

157

屍體竟棄置不管!?
相當隨便的屍體處理

| 對應人物 ▷ | 大名 | 武士 | 足輕 | 傭兵 | 農民 | | 對應時代 ▷ | 室町後期 | 戰國初期 | 戰國中期 | 戰國後期 | 江戶初期 |

❖ 扒下屍體上所有的武器防具 一併處置乃世間常情

發生大規模戰爭時，會出現數不清的戰死者。在大坂夏之陣中，由於德川軍的攻勢猛烈，豐臣軍的戰死者甚至高達兩萬名。

若是幾十具屍體的話，會由上官負責回收；若屍體數量成千上萬，就很難回收了。

當兩軍撤回軍隊後，殘留在戰場上數不清的屍體大多交由當地掌權的商人負責收拾。而屍體身上的武器防具，就是處理屍體的報酬。當時，「屍體身上值錢的東西全數徵收為處理屍體的費用」似乎是約定成俗的規定。收集到的武器防具經過修理後賣掉，屍體則大多挖個大坑，不分敵我一起掩埋。

沒有進行組織化的屍體處理時，附近的農民會聚集起來，扒下屍體身上的武器防具和衣物。由於賴以維生的田地遭到破壞，農民為了彌補損失才會這麼做。而全身上下被扒得一絲不掛的屍體被棄置於原地，成為野獸的糧食，這種情況也見怪不怪。所幸日本的土質酸性高，遭到棄置或被吃得亂七八糟的屍體能較快被分解掉。

此外，據說在屍體處理普遍草率的戰國時代，德川家康卻對死者相當周到。在關原之戰及文章開頭提到的大坂之陣時，他下令在當天清理戰場，屍體不分敵我均予以厚葬。

以下是題外話，據說日語中的「埋葬（葬る）」一詞的語源是「棄置（放る）」。在日本，從很久以前就有將屍體放到河川流放或是扔到野外的習慣，所以戰後的屍體處理就當時來說也不算特別奇怪。

屍體處理

留在戰場上的屍體都是如何處理的？

戰爭自然會出現死者，那麼究竟要如何處理留在戰場上的屍體呢？下面除了介紹各種處理屍體的方式外，也會介紹負責處理屍體的人員。

處理屍體的方式　處理屍體的方式相當多樣化。

沉入沼澤

利用濕地多的日本特殊地理環境，將屍體沉入沼澤。

流放河川

有時也會將屍體搬到附近的河川流放。

棄置

日文的「葬る（埋葬）」語源為「放る（棄置）」，棄置的屍體成為烏鴉等鳥獸的餌食。

埋入土中

到了戰國時代後期，開始有挖土進行隆重的土葬。

黑鍬組

負責屍體處理的土木作業人員被稱作「黑鍬組」。

戰敗的代價不只有沒收領地

❖ 等待敗軍將兵的 各種悲慘結果

　　戰敗的大名及其麾下的武將將面臨不幸的命運。

　　首先，第一種是戰死，也就是戰到最後被敵方殺死的情況。如果是大名或知名武將戰死，首級會被敵方砍下作為殺敵的證明，送回敵國。其後被梟首示眾的情況也很常見。

　　第二種是自戕。當大將或武將被逼到窮途末路，眼看大勢已去時，大多會選擇自我了斷，這是源自當時不願活著受辱的觀念。在戰場上，死後首級恐怕會遭敵人偷走，因此會由下屬斬首後再送回自國。另外在籠城戰中，也有不少以城主或重要武將切腹來保全城兵性命的例子。

　　第三種是被敵軍逮捕。這種情況下，命運掌握在敵方手上。通常以宣

判處斬刑或流刑居多，但也有臣服後仕於敵方大名的例子。事實上，四國的長宗我部元親戰敗後便向秀吉臣服，領有土佐一國。

　　此外，也有人會誓言捲土重來，企圖逃離戰場。北信濃猛將村上義清在敗給武田信玄後投靠上杉謙信，平安逃到越後，被迎為客將。不過這是較幸運的情況，有不少人在逃命時遭到狩獵落難武士的人殺死。

　　「狩獵落難武士」是指敵方的足輕和附近農民殺害敗軍士兵，搶奪其武器防具和財物。尤其是農民，田地遭到破壞而憤怒不已的他們會緊追著落難武士不放。

戰敗

徹底考察戰敗者的結局

戰爭總是伴隨著「勝」、「敗」兩種情況。勝者能擴大領土，獲得財富，而敗者的結局又是如何呢？下面就來考察戰國時代「戰敗的法則」。

敗者的命運　敗者將面臨殘酷命運，有下列幾種選項。

和解

以割讓部分領土為條件，接受投降。

提交人質

若是保存餘力投降，須提交人質，方能停戰。

臣服

臣服於敵將。加入敵降的麾下以保全性命。

流罪

被流放邊疆，過著受監視的流放生活。

---

column 戰國時代勝敗以「協商」為主

戰國時代的戰爭結果，幾乎都是在兩軍協商後開城。可是，當中也有城內所有人都遭到殺害的殘酷事例。最有名的例子就是 1585 年伊達政宗「屠殺小手森城」。

也有隨敵將死亡而停戰的情況！

戰敗的士兵運氣好還能倖存，但不少人難逃一死。士兵在臨死之際究竟是如何呢？

各種戰死

下面彙整戰死、自戕、處刑等與敗者的死相關事例。

著名的戰死

沖田畷之戰（1584年）

九州最強最恐怖，人稱「肥前之熊」的龍造寺隆信遭到斬首的戰爭。

自戕

戰死是種恥辱，所以在被敵兵殺死前就先自戕。

戰死

總大將在戰場上死亡，這時就確定戰敗了。

處刑

也有敵將被活捉後遭到處刑。

戰國檔案

為何殺不了大將？

其實戰國大名戰死在戰場上的事例並不多。這是因為畢竟大將都待在後方，不會在最前線戰鬥，在得知戰況惡化後就會以部下為後盾，提早撤退。

狩獵
落難武士

襲擊敗兵殘將的農民

即使逃過戰死和敵人的活捉，在回到領國之前都不能掉以輕心。因為敗兵殘將可能會遭到「狩獵落難武士」的敵方足輕和農民襲擊，整個撤退過程都籠罩在死亡的陰影下。

農民的復仇

農民對軍隊破壞農田懷恨在心，所以想奪取敗兵殘將的性命。

敗兵殘將

即便躲過敵兵，撤退也還沒結束，絕不能大意。

農民

戰場周邊的農民。會毫不留情襲擊敗兵殘將。

著名的狩獵落難武士 （事蹟）

明智光秀之死（1582 年）

以背叛織田信長聞名的明智光秀遇到狩獵落難武士的農民襲擊，人生在此畫下句點。

戰爭時，農民都待在哪裡？

山

在戰爭結束前隱居在險峻的山中。

寺院

比較安全的是農村附近的寺院，可免於敵國襲擊。

城

在敵方進攻前先躲到自國城內。有時也會被征召上戰場。

戰國檔案

罪人也是狩獵落難武士的對象

也有與戰勝國協商確認處以流罪後，在送往流刑地途中遭遇落難武士獵人的情況。順帶一提，秀吉統一天下之後，明令禁止狩獵落難武士，於是這個慣例就消失了。

等待著戰敗武將的，
是切腹的悲慘命運

對應人物	大名	武士	足輕	備兵	農民		對應時代	室町後期	戰國初期	戰國中期	戰國後期	江戶初期

❖ 進入戰國時代後
切腹才被視為一種榮譽

切腹是日本特有的自戕方法，其歷史可追溯到平安時代，據說在當時不過是自殺方式的一種。

到了戰國時代，切腹才開始被視為一種榮譽死法。豐臣秀吉軍水攻備中高松城，最後固守城池的清水宗治決心切腹，以換取保全城兵的性命。宗治在包圍整座城的水上搭乘小船，在秀吉的見證下，跳了一曲優美的舞蹈，吟唱辭世句後便切腹。宗治死得如此高尚壯烈，讓秀吉敬佩不已。自此之後，切腹是種榮譽之死的看法便廣為流傳。另外，據說切腹法則也是在那之後才誕生的。

通常切腹都是在腹部橫劃一刀（一文字切腹），而最好的方式是先橫劃一刀，接著從心窩到肚臍再往下劃一刀的十文字切腹。可是實際上，切腹時的疼痛超乎想像，能完成十文字切腹者非常少。至於介錯人，大多會選與切腹者關係親密的人擔任。

話說回來，當時的人究竟是抱著何種心情切腹呢？他們確實認為頂著臭名苟活是種恥辱，但也有人懷著其他想法。

一種是像前面提到的清水宗治一樣，以自己的死作為交換來拯救家臣。另外，也有人想藉由壯烈的自殺名留後世。據說在賤岳之戰切腹的柴田勝家進行十文字切腹後，還掏出了自己的內臟。

除此之外，也有希望自己的孩子和家臣能受到厚待而切腹的例子。在攻打小田原之際，中山家範壯烈結束一生，讓德川家康深受感動，因此賜給其子中山信吉水戶藩家老的職位。

切腹的法則

戰敗大名寄託於切腹的意念

有時只要敗戰方的總大將切腹，就能讓戰爭落幕。切腹有各種目的，諸如希望子孫受到厚待、以自身性命作為交換來保全城兵的性命等。

戰國檔案

有名的「切腹」起源是？

切腹源自室町時代，但據說是在敗給豐臣秀吉的備中高松城主清水宗治切腹之後，人們才開始將切腹視為一種榮譽自殺。由於宗治的切腹相當出色，自此以後成為慣例。

切腹的法則

切腹需要檢分役和介錯人在場，具有儀式性。

介錯人

大多由與切腹人關係親密者擔任。

切腹人

以先橫劃一刀，接著縱劃一刀的「十文字切腹」最標準。

長柄所役

替切腹人和檢分役倒酒的人。一般法則為用右手拿著劍柄前端。

檢分役

見證切腹，並向主君報告過程的檢查人員。

如何確認士兵的戰功？

對應人物 ▷	大名	武士	足輕	傭兵	農民

對應時代 ▷	室町後期	戰國初期	戰國中期	戰國後期	江戶初期

❖ 檢查首級的「首實檢」會影響戰功

戰後會論功行賞，依照戰功來賞賜獎勵，而判斷戰功的根據就是「首實檢」。

首實檢是將砍下的敵方首級集中在陣營中，確認首級身分的作業。殺死的士兵身分愈高，戰功評分當然就愈高。

這個儀式的目的除了調查士兵戰功之外，同時也蘊含確認戰爭勝利、追悼戰死者的意味，因此會在陣營鄰近的寺院，依照既定的法則舉行儀式。

在進行首實檢前，會先將首級上的血清泥濘清洗乾淨，接著梳理頭髮及化妝，像是擦上白粉和口紅、牙齒塗黑等。這項作業稱作首化妝，由武將的女兒負責。

為了明確得知首級的身分和砍下首級的人，經化妝打理過的首級都會掛上首札。這是計算戰功最重要的作業，因此會慎重調查申報是否有假。另外，放置首札和首級的首台也會依照身分不同有所區別。舉例來說，大將首級使用長5寸的桑樹首札，各將領首級使用長4寸、足輕小卒的首級則使用長3寸的山茶花樹或杉木首札。

首級會一個個展示在坐成一排的總大將和重臣面前，這時依照常規，在座者都必須全副武裝。據說這是為了防範企圖奪回首級的敵方襲擊，或是滿懷恨意的首級撲上前來。

順帶一提，首實檢會依照戰死者的身分地位準備供品，大將首級會供奉酒和昆布。實檢完成的首級有些會直接拿去梟首示眾，不過足輕的首級大多會裝入首桶後送還給敵方，或是興建首塚供奉。

首實檢

確認敵人首級的儀式

激烈的戰爭宣告結束後，戰勝國會在附近的寺院確認敵方的首級，這種儀式稱為「首實檢」。首實檢不僅具有提高己方士氣的意義，同時也帶有對死者的禮儀之意。

首實檢的情況

首實檢具有儀式性，大將以下的出席者都全副武裝出席。

武裝士兵

據說首級會猛撲過來，因此持弓以待。

總大將

以左眼斜視來確認。一般法則是絕不能看第二次。

家臣

由獲得首級者的麾下將領拿著首級，讓首級面向總大將。

距離4～5公尺

首級的處理

大將首級

使用桑樹製首札，比其他士兵來的大的首級台為檜木製。

將領首級

使用山茶花樹或杉樹製首札，首級台比大將首級小一圈。

小卒首級

使用山茶花樹或杉樹製首札，通常會將首級並列在一塊。

戰國檔案

會準備供品供奉大將的首級

首實檢會依照戰死者的身分地位準備相應的供品。大將首級會供奉昆布和酒等，以示特別的敬意。雖然統稱為首實檢，但會隨首級為大將等級或重臣等級而改變稱呼，前者稱作「首對面」，後者稱作「檢知」。

使用首級進行儀式的獨特法則

由於被斬首瞬間的表情會保留下來，因此不是所有首級都閉著眼。或許是這樣，才會有戰勝者檢查斬首的戰敗者表情，藉此占卜自軍吉凶的風俗。

首級的面相

首級的面相有好幾種類型。怨念深重者需進行驅邪。

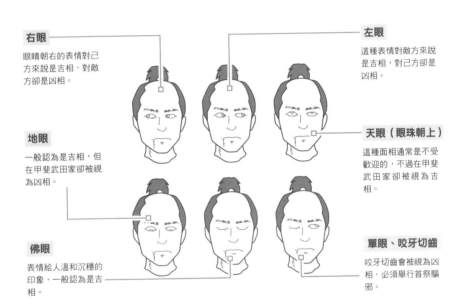

右眼

眼睛朝右的表情對己方來說是吉相，對敵方卻是凶相。

左眼

這種表情對敵方來說是吉相，對己方卻是凶相。

地眼

一般認為是吉相，但在甲斐武田家卻被視為凶相。

天眼（眼珠朝上）

這種面相通常是不受歡迎的，不過在甲斐武田家卻被視為吉相。

佛眼

表情給人溫和沉穩的印象，一般認為是吉相。

單眼、咬牙切齒

咬牙切齒會被視為凶相，必須舉行首祭驅邪。

首化妝

由武家婦女替敵兵首級梳理頭髮及化妝。

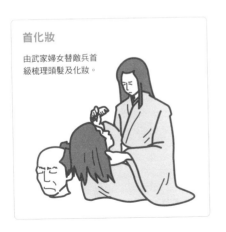

首注文

將取得的首級登記在名簿上，以免有誤。

首級的處理

敬意與恐懼交織的首實檢善後工作

首實檢完畢後，究竟該如何處理首級呢？為了宣告新領主的誕生，會將首級擺在獄門台上展示。此外，身分地位高的武將首級則須遵照禮儀，送還敵國。

首級處理的方法

首級處理的方法五花八門，像是放進首桶內或是擺在獄門台展示等。

首桶

將取得的首級放進木桶中，鄭重送還敵國。

獄門

將首級固定，擺在獄門台上展示。

首塚

亦有興建首塚，隆重弔唁的情況。現在日本各地也存在著許多首塚。

戰國檔案

剩下的身體如何處置？

斬首後會剩下身體部分。若舉行火葬，不僅費時也耗費燃料費，畢竟當時的習慣是土葬。因此剩下的身體部分不是被埋入土中，就是就地棄置。

表揚勇者的戰後頒獎典禮

❖ 第一功勳是敵方大將首級！各種戰功都成為評價對象

經首實檢確認戰功後，接著就會論功行賞。

所謂論功行賞，是指家臣坐成一排，從戰功最高者依序頒發賞賜的儀式。

戰功最高的就是敵方大將的首級。其次是第一個獲取敵人首級的「一番首」，其後則依序是「二番首」、「發號施令武將的首級」、「三番首」。

除此之外，還有最先闖入敵陣與敵軍武將長槍交鋒的「一番槍」、同為最先闖入敵陣與敵軍武將拔刀交手的「一番太刀」、支援一番槍的「槍下功名」，以及用槍協助己方立功的「槍脇功名」。至於當己軍撤退時列於最後列負責斷後的「殿後之功」、協助負傷己軍撤退的「協助負傷者撤退之功」、殺掉眾多敗逃敵軍的「崩際功名」等，也受到相當高的評價。另外還有「敗死之功」，在壯烈戰死的情況下，不僅死者本人，甚至連其家族都會一併受到極高的評價，由此可知戰功類別劃分相當細。

那麼立下戰功的家臣又會得到何種賞賜呢？最基本的賞賜就是領地，也就是將戰役時從敵國侵佔的土地分封給家臣作為知行地。此外，也會賞賜大名愛用的刀或馬等物品及「感狀」等。感狀是指君主肯定讚賞家臣的文件，大多被視為無上榮譽，當成家寶。其他方面，大名也會贈送陣羽織和茶器作為賞賜。

一番戰功

從戰國時代起就有一等獎

論功行賞當中分數最高的就是敵將的首級，其次受到評價的就是一番（第一）戰功。在戰役中第一個進攻表示不畏死亡，是勇敢的證明，所以才會得到「一番」的評價。

主要的一番戰功

「一番」戰功可分成好幾種，這些都被列入評價。

一番槍

賞賜給手持長槍，第一個與敵方武將以長槍交手者的戰功。

一番太刀

賞賜給手持太刀，第一個攻擊敵方者的戰功。

一番乘

賞賜給不顧危險，第一個闖入敵城者的戰功。

一番首

第一個獲得敵方首級者當然會受到讚賞。

撤退時的行動也會列入評價

除了攻擊之外，撤退時的行動也能立下戰功。和一番戰功一樣，承擔危險任務才是提高評價的捷徑。

危險與功勞

戰爭伴隨著危險，其中表現特別突出者會受到評價。

殿後之功

當己方撤退時，列於最後尾協助撤退也會列入評價。

敗死之功

壯烈戰死者不僅本人，其家族上下也會受到讚賞。

協助負傷者撤退之功

協助受傷動彈不得的己軍撤退。

---

column 足輕就算立下「一番」戰功，也不會列入評價

身分為武士以上者才能列入論功行賞的對象，足輕等小卒不管立下多少功勞，都不會列入評價。此外，若大將等級者立下「一番戰功」的話，也會被視為搶奪家臣的功勞，反倒會遭到懲處。

賞賜

戰功受到肯定而獲得的獎賞

參戰者會依照戰功獲得賞賜。也可以說，許多武士都是為了獲得賞賜而戰。因為得到賞賜就能獲得地位、名譽和金錢。

賞賜的種類　大名將土地及高價物品等分發給立下戰功者。

大名的愛刀

對家臣而言，收到大名的愛刀是一種榮譽。

知行地

從敵方奪取的領土。農民的年貢是收入來源之一。

其他賞賜

感狀

大名頒發的感謝狀，上面寫有增加知行等內容。

陣羽織

陣羽織是用來展現威嚴的服裝，被當作家門榮譽而備受重視。

茶器

在戰國時代價格水漲船高，甚至相當於一個國家的價值。

戰勝國士兵的掠奪行為是受到默許的

| 對應人物 ▷ | 大名 | 武士 | 足輕 | 傭兵 | 農民 | | 對應時代 ▷ | 室町後期 | 戰國初期 | 戰國中期 | 戰國後期 | 江戶初期 |

❖ 連大名也默許 隨著戰爭而來的掠奪行為

在戰場上一決雌雄後，勝者會行使特權，任由足輕掠奪敵地。

他們不僅破壞田地，還會闖入民宅，將家畜及值錢物品搜刮殆盡，並強暴女性，一旦反抗就會遭到殺害。拐走婦女幼童賣給別人當奴隸也是司空見慣。

上述的掠奪行為稱作「亂取」，在現代人看來或許窮凶惡極，但在當時這是日本各地的慣例，一般認為「在戰場上得到的東西可當成個人資產」。

大多數足輕都是戰時受到征召的農民，照理來說，他們是不會想拋下重要的農作業冒險參戰的，之所以會自備武器防具參戰，就是為了藉由「亂取」一攫千金。當時販賣人口的行情相當於現在的三十萬圓，務農的年收入約一百四十萬圓，可見這是一大筆錢。

站在大名角度來看，足輕無法獲得賞賜，為了提高他們的戰意，通常會默許這些掠奪行為。當中甚至有大名獎勵「亂取」，也有留下上杉謙信在攻陷城池的城下町開設市場販賣人口的記載。

另外，織田信長則明令禁止所有掠奪之舉。信長下達的告示稱作「一錢切」，內容提到就算只偷一錢，也一律處斬，相當嚴厲。這是因為他即將統一天下，必須向國內外展現其建國方針。

戰勝就能為所欲為的可怕慣例

亂取

戰爭定勝負之後，大名通常會准許從軍的士兵掠奪敵地作為賞賜。士兵會襲擊戰場附近的村落，搶奪農作物、家畜和家具等，這種行為就稱為「亂取」。

亂取的情形

士兵進行掠奪、強姦、放火等，戰敗國頓時變成無法地帶。

放火

放火燒毀房屋，讓戰敗國無法復興和反擊。

掠奪

小卒會掠奪包括農作物和家具在內等各種物品。

活捉

不僅女性，連孩童也會被活捉，要是反抗就會遭到殺害。

強姦

強暴戰敗國的女性，甚至將她們賣給別人當奴隸。

戰國檔案

將奴隸賣到外國

進行「亂取」時，不僅會出現奪走所有農作物的掠奪行為，還會活捉婦女孩童。當中也有人透過有交易關係的葡萄牙，將婦女孩童賣到泰國、柬埔寨和歐洲各國當奴隸。

木村重成的優雅死相
連敵方德川家康也表示讚賞

首實檢之際散發出一股芳香

木村重成是豐臣秀次的家老木村重茲之子，據說他相貌端正，
有戰國第一美男子之稱，在1615年的大坂夏之陣中英年早
逝，得年二十三歲。在戰國時代，一軍將領遭到殺害是家常便
飯，不過重成的死相明顯有別於他人。當重成的首級送到敵方
總大將德川家康的面前時，經過薰香的頭髮散發出一股芳香，
家康便說：「儘管現在已是五月初，卻聞不到絲毫惡臭，薰香
是勇者的良好嗜好。」並讓家臣也聞聞這股芳香。重成不僅相
貌堂堂，連死相也很優雅。

戰國時代的人
與他們的生活型態

飲食

教育

娛樂

服裝

性風俗

到上一章為止都是以戰爭的「法則」為主軸，接下來稍微改變一下主題。人們平時都過著怎樣的生活呢？接著就來探究當時的飲食、服裝與娛樂。

了解無名百姓的真實生活！

戰國時代的市井小民

說起戰國時代，受關注的往往只有武將，市井小民過著怎樣的生活則不為人知。接下來將針對市井小民的生活進行解說。

農民

「農民」平時耕田，靠販賣稻米和蔬菜維生，農閑期也會從事副業，像是上山燒炭撿柴、採砂鐵等苦工。

農閑期會去當士兵

雖然戰國時代後期採兵農分離制，不過戰國時代初期也有農民參戰。

鋤頭

犁田及耕田不可或缺的工具。亦可當作武器使用。

商人

從事食品業及生活雜貨販售、金融業等，生意範圍廣泛。當中也有大名私人僱用的商人，負責收集各國情報和採購武器。

也有提供戰地出差服務

戰場上容易缺乏物資。商人們不顧危險在戰場上做生意。

算盤

根據史料顯示，1570 年時就已經有算盤了。

番匠

建造寺社和房屋的工匠，相當於現代的「木工」，從鎌倉時代到戰國時代都是使用這個稱呼。在築城和建造都市時不可或缺。

居住在城下町

番匠是建造都市時不可或缺的一員，因此得到部分稅金免除等優待。

木槌

除了木槌外，還會使用鑿子和鋸子等工具，擁有高度木工技術。

石切

將石材切割後加工，製成建材或工具的工匠。由於興建城郭及土木工程的需求增加，戰國大名也會僱用許多工匠。

切石鑿

現代仍在使用，切石時不可或缺的工具。

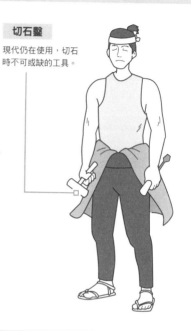

石材加工天下第一！

除了城的石垣外，也能製造石橋、庭石、石燈籠、手水砵、石磨等，業務相當廣泛。

鍛造

除了武士的武器防具外，也會製造農民的農具等各式各樣的鐵製品。有名的鍛造師會受到大名僱用，量產刀、甲冑及鐵炮等。

隨時代遷移，鍛造的分工變細

槌

使用鎚來鍛打金屬。由於重量不輕，需要一定的體力。

從戰國時代開始，分工根據品項變得更細、更專業化，像是刀鍛冶、鐵炮鍛冶、野鍛冶等。

兵法者

「兵法者」擁有武器方面的專業知識和技能,以教授這些知識與技能維生。也曾有知名的兵法者擔任大名和將軍的指導員。

刀

在身分制度尚未鞏固的戰國時代,平民也能夠佩刀。

指導武士武藝的老師

武藝出眾的兵法者會獲得大名賞賜知行,只是俸祿似乎不高。

鷹匠

鷹匠以放鷹捕捉獵物的傳統狩獵為業。馴養並訓練野生的鷹需費時好幾年,需要高度專業技術。

鷹

不只有鷹,也會訓練隼和鵰等鳥類。

受武將喜愛的獵鷹

織田信長和德川家康等人都很喜愛獵鷹。有權勢的武將也會僱用鷹匠。

戰國時代的生活型態

就算是戰國時代，也有平凡無奇的日常，並非總是煙硝瀰漫。活在這個時代的人，平常都過著什麼樣的生活呢？

戰國大名的宅邸

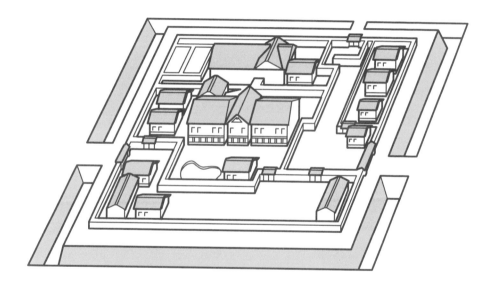

建造於城郭內的戰國大名豪宅

戰國大名居住的宅邸稱作大名屋敷。周圍築有築地塀，以提高防禦力，一進入城門就設有負責警備的武士待機的值勤室，稱作「遠侍」。居館和其前方為公共場所，建有接見來訪者的「主殿」。而後方則是戰國大名的生活區域，有寢室和與妻兒生活的私人空間。此外，大名屋敷的一大特色是被層層圍在城內。

戰國時代的教育

讀寫

除了讀寫之外,也會學習日本和中國的典籍。

大名的孩子
在禪寺接受教育

大多數武將從小就開始學習各種教養與學問。當時沒有學校,因此是到禪寺寺院學習。通常會在此待上好幾年。

白飯

以糙米和紅米為主。分成早晚兩餐,共吃五合米。

武士的飲食

用餐次數雖少
營養卻無可挑剔

戰國時代以「一天兩餐」為基本。主食是糙米,配菜是魚乾、雞肉和燉蔬菜等。由於大豆相當珍貴,因此湯品使用糠味噌。

武士的休閒活動

圍棋

廣受武家和平民喜愛的娛樂。武田信玄等武將也喜歡下圍棋。

蹴鞠

貴族之間頗受歡迎的踢球競技。後來在武士之間也迅速流行了起來。

射鳥

趁戰爭的空檔來到山中,用鐵炮射擊山鳩和雉鳥等。

戰國時代的婚禮

時間比現代還要長！
為期三天的婚禮

大名之間聯姻是強化同盟的證據，為了向周遭展示，出嫁隊伍都會非常盛大。婚禮儀式為期三天，到第二天為止新人都是穿純白服裝，第三天才會「更衣」，換上有色服飾。

婚禮的情況

陪嫁的侍上膳

室內僅有照料新郎新娘的侍女在場，沒有出席的賓客。

新郎新娘

新娘坐下座，新郎坐上座，兩人稍微斜著對座。

武家的服裝

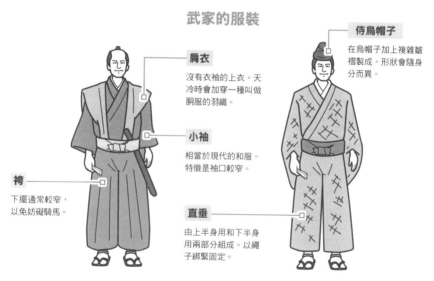

侍烏帽子

在烏帽子加上複雜皺褶製成。形狀會隨身分而異。

肩衣

沒有衣袖的上衣。天冷時會加穿一種叫做胴服的羽織。

小袖

相當於現代的和服。特徵是袖口較窄。

袴

下擺通常較窄，以免妨礙騎馬。

直垂

由上半身用和下半身用兩部分組成。以繩子綁緊固定。

武士的便服

輕裝款式是由被稱作「肩衣」的無袖上衣搭配相當於現代和服的「小袖」和「袴」。

武士的禮服

禮服款式是由被稱作「直垂」的和服搭配「侍烏帽子」。「侍烏帽子」是武士的象徵。

武家女兒的髮型與妝容

剃眉染黑齒
平安時代的公家裝扮

女性從八歲起就會進行染黑牙齒的化妝，稱作塗鐵漿。此外，十四歲時起會剃掉眉毛，改成畫眉。髮型一般為垂髮，種類變化較少。

畫眉
剃眉化妝是源自平安時代的公家，用墨筆畫上眉毛。

垂髮
將長度與身高幾乎等長的頭髮在及肩處打個元結。

鐵漿
第一次染黑齒時會舉行「塗鐵漿之式」。

辻君
開店接客的「辻君」價格比「立君」還便宜。

戰國時代的性風俗

賣春業以都市為中心
一片欣欣向榮

當時有形形色色的娼婦，像是在市區小巷等開設簡陋的店面接客的「辻君」、站在街角拉客的「立君」、表演舞蹈兼賣春維生的「白拍子」等。

戰國時代的嗜好

在戰國武將之間
蔚為話題的煙絲

煙草是在戰國時代傳入日本的。著名的獨眼龍伊達政宗就以酷愛煙草聞名。據說他起床時一定會抽一袋煙，就寢前還得抽五袋煙。

抽煙
戰國時代是在煙管內放入煙絲來抽煙。

戰國史年表

西元	日本年號	歷史大事
1467	應仁元	細川勝元和山名宗全等人引發「應仁、文明之亂」。
1493	明應2	北條早雲襲擊堀越御所，征服伊豆。
1500	明應9	北條早雲攻打小田原城，放逐大森藤賴。
1513	永正10	室町幕府第十代將軍足利義稙逃到近江。
1519	永正16	北條早雲病死於韮山城。
1524	大永4	北條氏綱在「高輪原之戰」攻陷江戶城。
1534	天文3	織田信長誕生於尾張。
1537	天文6	豐臣秀吉誕生於尾張。
1541	天文10	毛利元就擊敗尼子晴久。 武田信玄將父親信虎放逐到駿河，成為領主。
1542	天文11	德川家康誕生於三河。
1543	天文12	載著葡萄牙人的中國船漂流到種子島，鐵炮傳入日本。
1545	天文14	今川義元與武田信玄結盟，攻打北條氏康。
1547	天文16	毛利元就將家督之位讓給長子隆元。 德川家康成為織田家的人質。
1548	天文17	信長與濃姬結婚。
1549	天文18	伊集院忠朗在「黑川崎之戰」戰勝肝付兼演。
1553	天文22	往後的十一年，武田信玄和上杉謙信進行五次「川中島之戰」。

1554	天文 23	武田信玄、北條氏康及今川義元締結「甲相駿三國同盟」。 豐臣秀吉仕於信長。
1555	弘治元	毛利元就在「嚴島之戰」擊敗陶晴賢。 江良房榮中了毛利元就的計謀,被陶晴賢誅殺。
1556	弘治 2	齋藤道三在「長良川之戰」敗給其嫡子義龍。
1557	弘治 3	德川家康與築山殿結婚。毛利元就交給三個兒子一封教訓狀。
1559	永祿 2	織田信長統一尾張。進京後,與足利義輝會面。 上杉謙信進京,與足利義輝會面。
1560	永祿 3	織田信長在「桶狹間之戰」擊敗今川義元。 石田三成誕生於近江。
1561	永祿 4	豐臣秀吉與阿寧(北政所)結婚。 武田信玄與上杉謙信之間爆發「第四次川中島之戰」。
1562	永祿 5	織田信長與德川家康締結「清須同盟」。
1563	永祿 6	武田信玄和北條軍在松山城發動土龍攻。
1565	永祿 8	松永久秀殺害第十三代將軍足利義輝。
1566	永祿 9	毛利元就在「第二次月山富田城之戰」擊敗尼子義久,尼子氏滅亡。
1568	永祿 11	織田信長廢除各國的關所。 信長擁立足利義昭為將軍,前往京都。 今川氏真下令對自駿河灣取得鹽的武田氏斷鹽。
1569	永祿 12	織田信長准許路易士・佛洛伊斯宣揚基督教。
1570	元龜元	織田信長遭到武田信玄、朝倉義景、淺井長政等勢力包圍。 織田信長在「金崎之戰」敗給朝倉義景。 織田、德川聯軍在「姊川之戰」擊敗淺井、朝倉聯軍。 織田信長與淨土真宗本願寺展開「石山合戰」。 葡萄牙船隻在長崎首度進行交易。
1571	元龜 2	織田信長火燒比叡山。 毛利元就死於安藝郡山城。 北條氏康死於小田原城。
1572	元龜 3	武田信玄在「三方原之戰」戰勝家康、信長聯軍。

1573	天正元	武田信玄病死於信濃，足利義昭被織田信長逐出京都。 室町幕府滅亡，織田信長滅亡朝倉義景和淺井長政。
1574	天正 2	織田信長平定伊勢長島的一向一揆。
1575	天正 3	織田、德川聯軍在「長篠、設樂原之戰」擊敗武田勝賴。
1577	天正 5	織田信長平定紀伊的雜賀一揆。 豐臣秀吉開始攻打中國地區。 織田信長就任右大臣。
1578	天正 6	上杉謙信病死於春日山城。景勝繼承家督。 島津義久在「耳川之戰」擊敗大友宗麟。
1580	天正 8	豐臣秀吉攻打毛利軍的鳥取城。
1581	天正 9	豐臣秀吉包圍因幡鳥取城，進行兵糧攻。
1582	天正 10	豐臣秀吉以水攻攻陷備中高松城。 由於明智光秀叛變，織田信長在本能寺自盡。 豐臣秀吉在攝津國和山城國交界的山崎擊敗明智光秀。 明智光秀遭到落難武士獵人殺害。 在「清洲會議」中決定信忠的嫡子三法師為信長的繼承人。 豐臣秀吉開始進行太閤檢地。 織田信長的葬禮在大德寺舉行。
1583	天正 11	柴田勝家在「賤岳之戰」敗給豐臣秀吉。 豐臣秀吉擊敗瀧川一益。 豐臣秀吉開始修築大坂城。
1584	天正 12	織田信雄與豐臣秀吉斷交，與德川家康聯手。 豐臣秀吉准許復興比叡山延曆寺。 龍造寺隆信在沖田畷之戰戰敗而亡。 榊原康政在「小牧、長久手之戰」戰勝豐臣秀吉。 島津氏在「岩屋城之戰」戰勝高橋紹運。
1585	天正 13	豐臣秀吉平定根來雜賀一揆。 豐臣秀吉攻下長宗我部元親，平定四國。 秀吉就任關白，獲賜藤原姓。 伊達政宗在「屠殺小手森城」一役中擊敗大內定綱。
1586	天正 14	島津義久在「戶次川之戰」戰勝豐臣軍。 豐臣秀吉就任太政大臣。 豐臣秀吉與德川家康和好。
1587	天正 15	島津義久投降於豐臣秀吉。九州平定。 豐臣秀吉頒布伴天連追放令。
1588	天正 16	豐臣秀吉實施刀狩。

1589	天正 17	伊達政宗在「摺上原之戰」擊敗蘆名義廣。 豐臣秀吉禁止基督教。
1590	天正 18	伊達政宗投降豐臣秀吉。 北條氏政和氏直被豐臣秀吉包圍，於是投降。 豐臣秀吉統一天下。
1591	天正 19	千利休奉豐臣秀吉之命自盡。 豐臣秀吉進行全國戶口調查。
1592	文祿元	豐臣秀吉出兵朝鮮半島，是為文祿之役。
1593	文祿 2	秀吉向明朝使者列出談和七大條件。 活字印刷術自朝鮮傳入。
1595	文祿 4	豐臣秀次遭秀吉放逐，在高野山自盡。 豐臣秀次一家接連遭到殺害。
1596	慶長元	德川家康就任內大臣。 豐臣秀吉在伏見會見明朝使者。和談最後沒談成。 豐臣秀吉將二十六名基督教徒處以磔刑。
1597	慶長 2	豐臣秀吉再度進攻朝鮮半島，是為慶長之役。
1598	慶長 3	豐臣秀吉病逝於伏見城。
1599	慶長 4	後陽成天皇賜給已故秀吉豐國大明神的神號。
1600	慶長 5	石田三成舉兵。在關原與德川家康交戰，最後敗逃。
1603	慶長 8	德川家康被任命為征夷大將軍。江戶幕府開府。
1609	慶長 14	島津家久統治琉球王國。
1614	慶長 19	豐臣秀賴在「大坂冬之陣」與德川家康對峙，大坂城遭到包圍。
1615	慶長 20	德川家康在「大坂夏之陣」再度包圍大坂城。豐臣秀賴自盡，豐臣家滅亡。
1616	元和 2	德川家康病逝於駿府城。
1636	寬永 13	伊達政宗病逝於仙台藩江戶屋敷。
1647	寬永 14	基督徒所發動的日本最大叛亂「島原之亂」爆發。

參考文獻

『あなたの知らない！リアル戦國読本』「歴史の真相」研究会 著（宝島社）

『面白いほどよくわかる戦國史』鈴木旭 著（日本文芸社）

『学校では教えてくれない戦國史の授業』井沢元彦 著（PHP文庫）

『疑問だらけの戦國史』（新人物往来社）

『図解！戦國時代』「歴史ミステリー」倶楽部 著（三笠書房）

『戦國合戦マニュアル』東郷隆 著／上田信 絵（講談社）

『戦國武将 起死回生の逆転戦術』榎本秋 著（マガジンハウス）

『戦國武将の収支決算書』跡部蛮 著（ビジネス社）

『戦國武将ものしり事典』奈良本辰也 監修（主婦と生活社）

『地政学でよくわかる！信長・秀吉・家康の大戦略』矢部健太郎 監修（COSMIC MOOK）

『地理がわかれば陣形と合戦がわかる　戦國の地政学』乃至政彦 監修（じっぴコンパクト新書）

『早わかり戦國史』外川淳 編 著（日本実業出版社）

『武器と防具 日本編』戸田藤成 著（新紀元社）

『武士の家訓』桑田忠親 著（講談社学術文庫）

『見て楽しむ戦國の合戦と武将の絵事典』小和田哲男 監修／高橋信幸 著（成美堂出版）

『歴史・時代小説ファン必携【絵解き】雑兵足軽たちの戦い』東郷隆 著／上田信 絵（講談社文庫）

※此外亦參考許多其他史料。

監修　**小和田哲男**

1944年生於靜岡市。1972年，早稻田大學文學院文學研究科博士課程修畢。2009年3月自靜岡大學退休，為靜岡大學名譽教授。主要著作有《日本人は歴史から何を学ぶべきか》（三笠書房，1999年）、《悪人がつくった日本の歴史》（中經文庫，2009年）、《武将に学ぶ第二の人生》（Media Factory新書，2013年）、《名軍師ありて、名将あり》（NHK出版，2013年）、《黒田官兵衛 智謀の戦国軍師》（平凡社新書，2013年）等。

STAFF

企劃・編輯	細谷健次朗、土屋萌美
執筆協力	野田慎一、井上晋太郎、野村郁朋
插畫	熊アート
設計・DTP	森田千秋（Q.design）

SENGOKU IKUSA NO SAHOU
Copyright © G.B. company 2018
All rights reserved.
Originally published in Japan by G.B. Co. Ltd.,
Chinese (in complex character only) translation rights arranged with
G.B. Co. Ltd., through CREEK & RIVER Co., Ltd.

日本戰國戰爭法則

出　　　版／楓樹林出版事業有限公司
地　　　址／新北市板橋區信義路163巷3號10樓
郵 政 劃 撥／19907596　楓書坊文化出版社
網　　　址／www.maplebook.com.tw
電　　　話／02-2957-6096
傳　　　真／02-2957-6435
監　　　修／小和田哲男
譯　　　者／黃琳雅
責 任 編 輯／王綺
內 文 排 版／謝政龍
港 澳 經 銷／泛華發行代理有限公司
定　　　價／400元
初 版 日 期／2023年3月

國家圖書館出版品預行編目資料

日本戰國戰爭法則／小和田哲男監修；黃琳雅譯. -- 初版. -- 新北市：楓樹林出版事業有限公司, 2023.03　面；　公分

ISBN 978-626-7218-36-5（平裝）

1. 戰國時代　2. 戰爭　3. 日本史

731.254　　　　　　　　111022494